Österreichische Gesellschaft für Raumplanung
Rudolf Giffinger (Hg.)

# Standorte sichern – Standorte entwickeln

# FORUM Raumplanung

herausgegeben von der

Österreichischen Gesellschaft
für Raumplanung

Band 17

LIT

Österreichische Gesellschaft für Raumplanung
Rudolf Giffinger (Hg.)

# STANDORTE SICHERN – STANDORTE ENTWICKELN

lebensministerium.at

LIT

Gefördert durch das Bundesministerium für Land- und Forstwirtschaft, Umwelt und Wasserwirtschaft sowie das Bundesministerium für Wissenschaft und Forschung in Wien

lebensministerium.at

BM.W_F[a]
Bundesministerium für Wissenschaft und Forschung

**Bibliografische Information der Deutschen Nationalbibliothek**
Die Deutsche Nationalbibliothek verzeichnet diese Publikation in der Deutschen Nationalbibliografie; detaillierte bibliografische Daten sind im Internet über http://dnb.d-nb.de abrufbar.

ISBN 978-3-643-50140-0


Krotenthallergasse 10/8
A-1080 Wien
Tel. +43 (0) 1-409 56 61
Fax +43 (0) 1-409 56 97
e-Mail: wien@lit-verlag.at
http://www.lit-verlag.at

LIT VERLAG Dr. W. Hopf
Berlin 2010
Verlagskontakt:
Fresnostr. 2
D-48159 Münster
Tel. +49 (0) 2 51-620 320
Fax +49 (0) 2 51-922 60 99
e-Mail: lit@lit-verlag.de
http://www.lit-verlag.de

**Auslieferung:**
Deutschland: LIT Verlag Fresnostr. 2, D-48159 Münster
Tel. +49 (0) 2 51-620 32 22, Fax +49 (0) 2 51-922 60 99, e-Mail: vertrieb@lit-verlag.de

Österreich: Medienlogistik Pichler-ÖBZ GmbH & Co KG
IZ-NÖ, Süd, Straße 1, Objekt 34, A-2355 Wiener Neudorf
Tel. +43 (0) 22 36-63 53 52 90, Fax +43 (0) 22 36-63 53 52 43, e-Mail: mlo@medien-logistik.at

Schweiz: B + M Buch- und Medienvertriebs AG
Hochstr. 357, CH-8200 Schaffhausen
Tel. +41 (0) 52-643 54 30, Fax +41 (0) 52-643 54 35, e-Mail: order@buch-medien.ch

# Inhalt

# Vorwort

Die Standortwahl von Unternehmen stellt eine wichtige Voraussetzung für die nachhaltige Nutzung und wirtschaftliche Entwicklung in Städten und Regionen dar. Einerseits schafft eine an den Standortanforderungen orientierte Standortsuche und an den unternehmerischen Erwartungen optimal ausgerichtete Wahl für jedes Unternehmen relative Standortvorteile. Diese Vorteile liegen nicht nur der Argumentation A. Webers folgend in der Minimierung der Transportkosten, sie reichen heute über spezifische Agglomerationsvorteile bis zu Anforderungen an sogenannte weiche Standortfaktoren. Die Bewertungskriterien werden dabei zunehmend vielfältiger und heterogener – je nachdem, welche Art von wirtschaftlichen Aktivitäten auf lokaler, (inter-)regionaler oder internationaler Ebene ausgeführt werden sollen. Zugleich sind Unternehmen unter den Bedingungen der Globalisierung angehalten, die standörtlichen und regionalen Voraussetzungen bei der Standortsuche im interregionalen und internationalen Vergleich sehr genau zu bewerten.

Eine wichtige Voraussetzung für die nachhaltige Nutzung von Standorten und wettbewerbsfähige wirtschaftliche Entwicklung von Regionen stellt umgekehrt aber auch das Faktum dar, dass Unternehmen in eine Region und zur sozioökonomischen Entwicklung passen sollten. Nicht jede unternehmerische Tätigkeit, die Arbeitsplätze verspricht, trägt mittel- und langfristig zur positiven Entwicklung bei. Neben umweltbelastenden Emissionen und Risken fehlender Wertschöpfung (bzw. unzureichender Wertschöpfungsketten) sind insbesondere Anforderungen und fehlende stimulierende Wechselwirkungen zur Entwicklung von Human- und Sozialkapital kritisch zu bewerten. Nachfrageorientierte „verlängerte Werkbänke" als schnell gebaute Filialen und Dependancen stehen nicht nur unter permanentem Wettbewerbs- und Kostendruck; sie verhindern oft auch das Entstehen kreativer lokaler Initiativen und kooperativer Prozesse in der Regionalentwicklung.

Gerade in Zeiten wirtschaftlicher Krise gewinnen die Kriterien Entscheidungssicherheit, geringe Transaktionskosten und Netzwerkbildung im Zuge der Standortwahl oder auch zum Erhalt (Standortsicherung) zunehmend an Bedeutung. Regionalpolitik und Raumplanung ist daher auf verschiedenen Ebenen und mittels sehr unterschiedlicher Instrumente gefordert, bestimmte wirtschaftliche Aktivitäten trotz nachfragebedingter Krisen in der Standorterhaltung zu unterstützen sowie gegenüber neuen Anforderungen adäquate Standorte zu entwickeln. Mit anderen Worten: Die Standortsicherung und Standortentwicklung – von einzelnen Standorten, von Gewerbegebieten oder von (Stadt-)Regionen – stellt daher sehr unterschiedliche Anforderungen an die Regionalpolitik und Raumplanung: Sie gehen weit über eine entsprechende Infrastrukturausstattung und einfache widmungsrechtliche Regelungen hinaus.

In diesem Band 17 der Schriftenreihe der Österreichischen Gesellschaft für Raumplanung, der sich den Anforderungen zur Sicherung und Entwicklung von Standorten für wirtschaftliche Nutzungen widmet, stehen daher folgende Themen im Mittelpunkt der Beiträge:

Im ersten Beitrag thematisieren **Gundula Prokop, Martin Schamann und Werner Thalhammer** die Verwertung industrieller und gewerblicher Brachflächen, die in Österreich aufgrund struktureller Veränderungen in den letzten 50 Jahren entstanden sind. Sie führen eine Reihe von Vorteilen aus der Verwertung dieser Standorte an, konstatieren aber zugleich, dass in der Praxis noch immer unbebaute Grünflächen von vielen Investoren und Projektentwicklern trotz erheblicher umweltbezogener Nachteile bevorzugt werden.

**Wilhelm Schrenk** konzentriert sich in seinem Beitrag auf die Standort- und Projektentwicklung durch moderne Industrie- und Technologieparks, die als regionale Impulszentren wirken sollen. Im Hinblick auf deren Realisierung und Bedeutung für die regionale Entwicklung hinterfragt er relevante Erfolgsfaktoren in entsprechenden Strategien.

**Christoph Braumann** konzentriert sich in seinem Beitrag auf Fragen der Standortsicherung mit Instrumenten der überörtlichen Raumplanung. Vor dem Hintergrund seiner Erfahrungen im Land Salzburg betont er den Aspekt der Planungssicherheit, die primär im Zusammenhang mit dem Planungs- und Baurecht gesehen wird, und zeigt entsprechende Möglichkeiten und Grenzen der Planung auf.

**Alfried Braumann und Gabriele Tatzberger** betonen in ihrem Beitrag die „Soft Facts“ in der Standortentwicklung anhand von Praxisbeispielen aus der Wiener Wirtschaftsförderung. Als „soft facts“, die zur Standortentwicklung wichtig sind, sehen sie insbesondere den themenspezifischen Netzwerkaufbau, spezialisierte Unternehmensservices sowie Standortentwicklung und -marketing.

**Stefan Klingler und Renate Zuckerstätter-Semela** beschäftigen sich in ihrem Beitrag mit der Idee der VIA SUM und der Praxis des Stadt-Umland-Managements Wien/Niederösterreich – einem kooperativen Ansatz zur Information und Abstimmung bei Standortfragen im Ballungsraum Wien. Sie geben einen Einblick zu den Zielen und Aufgaben des Stadt-Umland-Managements und zeigen, wie die regionale Abstimmung bei Projekten in der Agglomeration Wien organisiert ist.

**Arthur Kanonier** analysiert Fragen der Standortsicherung für Betriebsanlagen aus raumordnungsrechtlicher Sicht und präzisiert die entsprechenden Herausforderungen, zumal es gilt einerseits, geeignete Standorte zu sichern und in der Folge zu entwickeln bzw. andererseits aus Umwelt- oder Nachbarschutzgründen Betriebsansiedlungen zu beschränken.

**Johann Bröthaler und Gerlinde Gutheil-Knopp-Kirchwald** analysieren, wie sich Betriebsansiedlungen auf den Gemeindehaushalt auswirken. Ausgehend von entsprechenden Wirkungszusammenhängen zwischen Betriebsansiedlung und kommunaler Haushaltsentwicklung behandeln sie dann im Detail entsprechende fiskalische Effekte – dargestellt an empirischen Beispielen.

Nicht zuletzt begründen **Johannes Jäger und Bettina Köhler** in ihrem Beitrag zur Europa-Region CENTROPE, dass unter verstärktem Wettbewerbsdruck und krisenhaften Bedingungen ein umfassender Steuerungsansatz (governance) zur Realisierung einer integrativen Standort- und Regionalentwicklung erforderlich sei.

Anhand der acht Beiträge wird deutlich, dass das Thema der Standortsicherung und -entwicklung komplexe Problemstellungen aufwirft. Aus unterschiedlicher Perspektive zeigen die Beiträge in überzeugender Weise die vielfältigen fachlichen Herausforderungen, die sich zur Sicherung und Entwicklung von Standorten für wirtschaftliche Aktivitäten stellen. Zur fachlichen Behandlung dieses Themenschwerpunktes danke ich daher als Herausgeber den Autorinnen und Autoren sehr herzlich. Gleichzeitig gilt mein Dank auch dem Bundesministerium für Land- und Forstwirtschaft, Umwelt und Wasserwirtschaft, zum Gelingen dieser Publikation wesentlich beigetragen hat.

Wien, im November 2009

Rudolf Giffinger

# (Bau-)Land in Sicht. Gute Gründe für die Verwertung industrieller und gewerblicher Brachflächen

Gundula Prokop, Martin Schamann und Werner Thalhammer

*In den letzten 50 Jahren führten in Österreich zahlreiche strukturelle Veränderungen zum Entstehen von industriellen und gewerblichen Brachflächen. Ganze Industriezweige verschwanden, Unternehmen fusionierten und höhere Produktionskapazitäten wurden auf kleinerer Fläche eingerichtet. Ein Großteil dieser industriellen und gewerblichen Brachflächen befindet sich in gut erschlossenen Lagen. Solche Standorte wären für neue Nutzungen prädestiniert, dennoch ziehen viele Investoren die Grünflächen außerhalb von verbauten Gebieten diesen Brachflächen vor. Nach wie vor beanspruchen Siedlungen immer mehr Flächen. Daraus ergeben sich unerwünschte Begleiterscheinungen wie hohe Kosten für Bau und Erhaltung von Infrastruktur, Zersiedelung und erhöhtes Verkehrsaufkommen und der Verlust an biologisch produktivem Boden.*

Abb. 1: Entwicklung der Siedlungsfläche pro Einwohner in Österreich

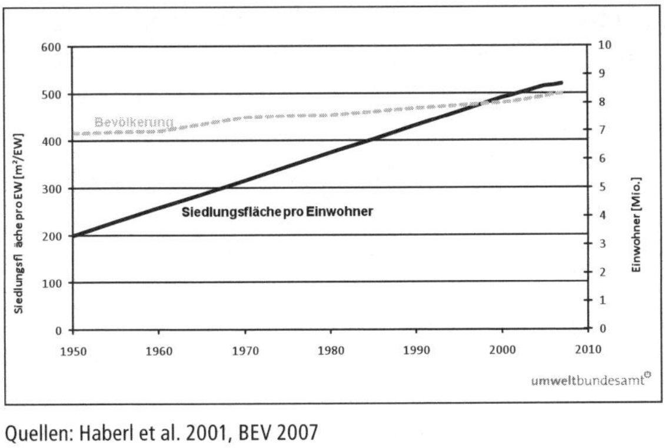


Quellen: Haberl et al. 2001, BEV 2007

## Der Verbrauch an Grünland ist größer denn je

Im Zeitraum 1950 bis 1995 hat sich die Siedlungsfläche verdoppelt, die Bevölkerung hat im gleichen Zeitraum allerdings nur geringfügig zugenommen (Abb. 1). Vor allem wertvolle Böden werden durch Baumaßnahmen versiegelt, wodurch natürliche Bodenfunktionen dauerhaft verloren gehen oder massiv beeinträchtigt werden. Bei anhaltendem Trend der Flächeninanspruchnahme würde es zu einer weiteren Verdoppelung der jetzigen Bau- und Verkehrsflächen in nur 50 Jahren kommen. Besonders problematisch ist dabei der Umstand, dass der quantitative Bodenverbrauch nach wie vor in hohem Ausmaß durch disperse Siedlungsentwicklungen entsteht, was zu Zersiedelung der Landschaft, ineffizienten Raumstrukturen und hohen Mehrkosten für die öffentlichen Haushalte führt.

Im Vergleich mit (Bundes-)Ländern vergleichbarer Größe und Wirtschaftsleistung wie der Schweiz, den Niederlanden und dem Freistaat Bayern benötigen die Österreicher besonders viel Siedlungsfläche. Für jeden Österreicher stehen durchschnittlich rund 520 m² Bau-, Verkehrs- und Freizeitfläche zur Verfügung (siehe Abbildung 2).

Abb. 2: Siedlungsflächen pro Einwohner im internationalen Vergleich

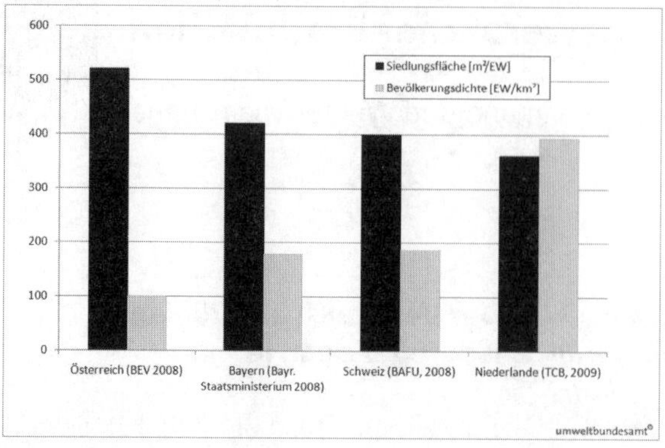


Quellen: BEV 2008, Bayr. Staatsministerium 2008, BAFU 2008, TCB 2009

Das Thema Flächenverbrauch zählt derzeit, neben dem Klimaschutz, zu einem der dringlichsten Umweltthemen in Österreich. Die Reduktion des täglichen Flächenneuverbrauchs von 25 auf 2,5 Hektar pro Tag bis zum Jahr 2010 ist ein definiertes nationales Umweltziel (Lebensministerium 2005). Die Wiederverwertung ehemaliger Industrie- und Gewerbestandorte wird als wichtigstes Instrument zur Zielerreichung angesehen.

## Effiziente Flächennutzung spart Kosten und Energie

Der tägliche Verbrauch für Bau- und Verkehrsflächen lag in den letzten acht Jahren bei durchschnittlich 15 Hektar pro Tag. Zählt man Freizeitflächen und Abbauflächen dazu etc., liegt die Flächeninanspruchnahme bei rund 22 Hektar pro Tag (Durchschnitt 2006–2008). Dies entspricht etwa der Fläche eines durchschnittlichen landwirtschaftlichen Betriebs in Österreich. Der gegenwärtige Flächenverbrauch weicht somit stark vom Ziel der österreichischen Nachhaltigkeitsstrategie ab, den Flächenverbrauch von 25 ha im Jahr 2002 auf 2,5 ha pro Tag im Jahr 2010 zu reduzieren (Lebensministerium 2005).

Zersplitterte Siedlungsstrukturen verursachen im Vergleich zu kompakten Siedlungsformen wesentlich höhere Kosten für Errichtung, Betrieb und Instandhaltung von kommunaler Infrastruktur. Rund ein Drittel dieser Flächen wird versiegelt. Durch Versiegelung und Bebauung werden die vielfältigen Bodenpotenziale weitgehend auf die monofunktionale Nutzung als Träger für Siedlungs- und Verkehrsinfrastruktur beschränkt.

## Brachliegende Industrie und Gewerbegrundstücke sind zahlreich vorhanden

Im Jahr 2004 wurde der Bestand an industriellen und gewerblichen Brachflächen in Österreich anhand einer Studie des Umweltbundesamt auf bis zu 130.000 Hektar geschätzt. Das entspricht 3.000 bis 6.000 brachliegenden Industrie- und Gewerbestandorten. Ein Teil davon wird wiederverwertet, aber täglich fallen weitere rund 3 Hektar an Industrie- und Gewerbefläche brach. Die Flächen wurden nach ihrer Lage und dem laufendem Bedarf analysiert. Die Ergebnisse zeigten, dass rund ein Sechstel des jährlichen Bauflächenneubedarfs durch Revitalisierung von verlassenen Standorten gedeckt werden könnte. Rund 85 % dieser Flächen sind nicht oder nur wenig kontaminiert, lediglich bei 15 % der Brachflächen wird ein Verdacht auf Boden- bzw. Grundwasserverunreinigung vermutet. Bei rund 2–3 % der Flächen besteht vermutlich konkreter Sanierungsbedarf (siehe Abb. 3).

Einen überdurchschnittlichen Brachflächenanteil weisen neben den großen Städten die obersteiermärkischen sowie oststeirischen Bezirke, die südlichen Bezirke Niederösterreichs sowie Gmünd und Waidhofen, die burgenländischen Bezirke Oberwart und Mattersburg, die Kärntner Bezirke Wolfsberg, Spittal an der Drau und Villach Land sowie der dichter besiedelte Raum um Bregenz, Dornbirn, Feldkirch und Bludenz auf (siehe auch Abb. 4).

Abb. 3: Brachflächenentstehung versus Flächenverbrauch

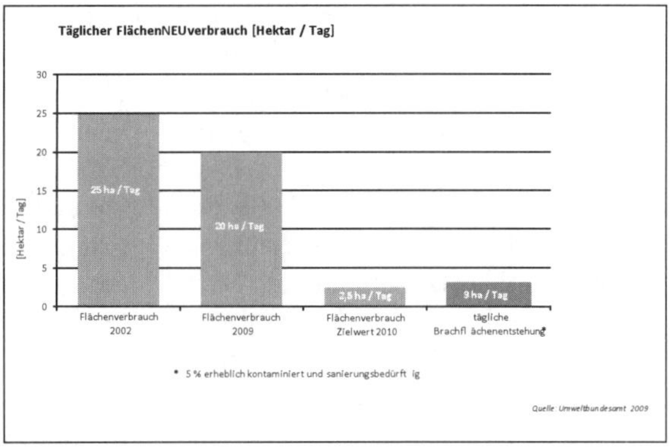


Quellen: BEV 2008, Umweltbundesamt 2004

## Die Potenziale werden langsam erkannt

Brachflächenrevitalisierung ist eine wichtige Maßnahme, um den Flächenverbrauch in Österreich weiter zu reduzieren. Um eine intensivere Nutzung von Industrie- und Gewerbebrachen zu erreichen, ist ein Bündel an Maßnahmen notwendig. Wichtigste Stoßrichtungen sind einerseits die Wissensvermittlung beim Umgang mit Kontamination und andererseits die Rechtssicherheit bei der Verwertung von Liegenschaften mit Kontaminationsverdacht. Folgende Maßnahmen konnten in den letzten Jahren beobachtet werden:

Abb 4: Brachflächenbestand in Österreich

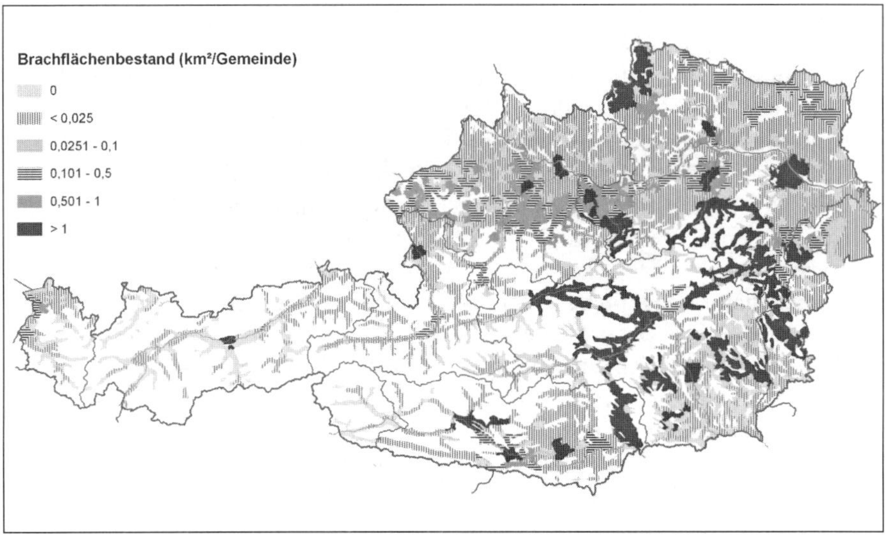


Quelle: Umweltbundesamt 2004; 2009

- **Fachseminare**: Zur Vermittlung der fachlichen Grundlagen veranstaltet das Umweltbundesamt regelmäßig Fachseminare. Zielgruppe sind Immobilienentwickler und Grundstücksbesitzer.
- **Leitfaden zum Thema**: 2008 publizierte das Lebensministerium die Broschüre „(Bau-)Land in Sicht" (Lebensministerium 2008), die als Handlungsempfehlung für potenzielle Investoren und Grundstücksverwerter zu verstehen ist. Best-Practice-Beispiele aus ganz Österreich veranschaulichen die Vielfalt der Wiedernutzungsmöglichkeiten, etwa die Verwertung einer alten Pflugfabrik in Mistelbach für das Hermann-Nitsch-Museum, einer Tabakfabrik in Krems für den Campus der Donauuniversität, einer ehemaligen Tuchfabrik in Linz für eine neue Pfarre und Wohnbau sowie die Verwertung des Geländes einer ehemaligen Sodafabrik in Ebensee für einen Industriepark.
- **Lehrgänge für Entscheidungsträger**: Dass Entscheidungsträger über spezifisches Wissen verfügen, ist eine wichtige Voraussetzung, um den sparsamen Umgang mit der Ressource Boden zu fördern. Die Landesregierungen von Oberösterreich und Niederösterreich bieten seit 2009 Lehrgänge für „kommunale Bodenschutzexpertinnen und -experten" an.
- **Leerflächenmanagement in Kommunen**: Zahlreiche Gemeinden und Städte haben sich entschlossen, Leerflächen, die sich für betriebliche Zwecke eignen, zu erfassen und zu bewerten, damit spätere Nutzungsmöglichkeiten erkannt und Konzepte erstellt werden können (St. Pölten, Fürstenfeld, Steyrtal).

## Empfehlungen und Schlussfolgerungen

Um langfristig eine intensive Wiederverwertung von Industrie- und Gewerbebrachen zu erreichen, ist die breite Unterstützung aller betroffenen Zielgruppen notwendig. In der Folge sind die wichtigsten Maßnahmen aus der Sicht des Umweltbundesamt genannt:

**Bewusstseinsbildung in der Bevölkerung**: Das Zusammenspiel von Versiegelung, räumlicher Zersiedelung, schrumpfenden Regionen und Klimaschutz muss von der breiten Öffentlichkeit verstanden werden, damit flächensparende Maßnahmen auch erfolgreich angenommen und unterstützt werden. Die Integration der Themen Bodenschutz und Flächenverbrauch in die Lehrpläne des Grundschulunterrichts ist daher empfehlenswert. Dazu gehört die Entwicklung von anschaulichen Unterrichtsmaterialien mit unterschiedlicher Komplexität für Volks- und Hauptschule. Weiters sollte die breite Öffentlichkeit immer wieder durch Informationskampagnen über den Wert der Ressource Boden und das Phänomen Flächenverbrauch informiert werden.

**Erfolge messen – Transparenz von Flächenverbrauch und Flächenrecycling**: Daten zur Verwertung von Brachflächen, zu Brachlandpotenzialen und zum Verbrauch von unerschlossenem Land können derzeit nur grob abgeschätzt werden. Um die Wirksamkeit von Maßnahmen im Bereich Flächensparen bewerten zu können, ist eine genaue Beobachtung des Brachflächenrecyclings, aber auch eine Aufzeichnung des aktuellen Flächenverbrauchs notwendig. Beides könnte durch die Einrichtung eines Flächenverbrauchskatasters erfolgen, mit dem bauliche Entwicklungen auf Alt- und Neuflächen erfasst werden. In Großbritannien wird dies seit 1994 erfolgreich gemacht. Die Regionen erfassen, ob neu errichtete Wohnbauten auf bereits erschlossenem Land oder auf Neuland errichtet werden. Als politischer Zielwert wurde definiert, dass zumindest 60 % der neuen Wohnbauten auf bereits erschlossenem Land zu errichten sind. Dieser Zielwert wurde bereits 2001 erreicht und wird kontinuierlich unterschritten (DEFRA, Department for Environment, Food and Rural Affairs).

**Verwertungsrisken reduzieren**: Um Investoren die Einschätzung von Kontaminations- und Haftungsrisken zu erleichtern, werden folgende Maßnahmen vorgeschlagen:

- **Einheitliche Grundlagen zur Beurteilung von Bodenverunreinigungen**: Derzeit gibt es keine bundesweit anerkannten Grundlagen zur Beurteilung von Bodenverunreinigungen. Um eine einheitliche Beurteilung der Gesundheits- und Umweltgefahren und damit eine angepasste Nutzung von kontaminierten Böden sowie eine Planungssicherheit bei erforderlichen Sanierungsmaßnahmen zu ermöglichen, sollten Kriterien zur Beurteilung von Bodenverunreinigungen an Altstandorten festgelegt werden. Bewertungskriterien und Sanierungsziele sollten an die jeweilige vorgesehene Nachnutzung angepasst werden.
- **Verminderung des Haftungsrisikos**: Auch nach der erfolgreichen Durchführung von Sicherungsmaßnahmen können Schadstoffe im Boden bzw. im Untergrund zurückbleiben, die für Investoren ein Haftungsrisiko darstellen. Wie in Zukunft mit dem Haftungsrisiko von gering kontaminierten Standorten umgegangen werden soll, wird derzeit im Rahmen des Forschungsprojektes „Neuausrichtung der Beurteilung und Sanierung von kontaminierten Standorten – Altlastenmanagement 2010“ erarbeitet.

**Vorhandenes Bauland effizient nutzen und Bebauung von Grünland vermeiden**: Hier sind vor allem Steuerungsinstrumente der Raumplanung gefragt.

- **Baulandspekulationen eindämmen**: Mit dem Rechtsakt der Baulandwidmung ist in der Regel eine hohe Vermögenswertsteigerung von Liegenschaften verbunden, ohne dass der Eigentümer dafür eine Gegenleistung erbringen muss. Durch Entrichtung einer Lenkungsabgabe auf so genannte Planwertgewinne könnte der Neuausweisung und dem Horten von Bauland entgegen getreten werden. Diese Gelder sollten zweckgebunden für kommunale bodenpolitische Zwecke, einschließlich Förderungen für das Recycling von Brachflächen, Verwendung finden.
- **Abbau von Baulandreserven**: Große Baulandreserven sind z. B. durch etappenweise Freigabe und zeitliche Befristung von Entschädigungsansprüchen abzubauen. Die Flächenwidmung muss bedarfsorientiert und nicht vorratsorientiert gestaltet werden, dadurch kann Zersiedelung vermieden werden.
- **Steuerung der Baulandmobilisierung**: Um die Mobilisierung von gewidmetem Bauland zu beschleunigen und den Bedarf an Neuwidmungen trotz vorhandener Baulandreserven zu reduzieren, haben

einige Länder (Salzburg, Steiermark) mit verschiedenen Spielarten der Vertragsraumordnung reagiert. Hierbei werden die Gemeinden ermächtigt, vor der Widmung des Grundstücks mit den Grundstückseigentümern Verträge über die nutzungskonforme Verwendung der Flächen abzuschließen. Wenn diese Flächen innerhalb einer bestimmten Frist nicht bebaut werden, können sie entschädigungslos in Grünland rückgewidmet werden (Widmungsverfall). Empfohlen wird die verstärkte Anwendung des salzburgischen bzw. steirischen Modells auch in anderen Bundesländern, um die fristgerechte Bebauung geeigneter gewidmeter Flächen zu gewährleisten und Neuausweisungen zu reduzieren.

## Literatur

BEV Bundesamt für Eich- und Vermessungswesen (2008) Regionalinformation der Grundstücksdatenbank; Stand: 1.1. des jeweiligen Jahres.

Bayrisches Staatsministerium (2008) Vortrag von Thomas Suttner anlässlich einer Veranstaltung des Bodenbündnis europäischer Städte und Gemeinden „Vergiß mein nicht – dein Boden“ im November 2008 in Wien.

BAFU (Schweizer) Bundesamt für Umwelt (2008) Einführungsvortrag von Christoph Wenger anlässlich des Workshops „Revitalisierung von Industriebrachen“ in Luzern im Oktober 2008.

Haberl H. et al. (2001) Die Kolonisierung der Landschaft – Indikatoren für nachhaltige Landnutzung. In: Schriftenreihe des BMBWK. Forschungsschwerpunkt Kulturlandschaft, Nr. 8. Wien.

Lebensministerium (2005) Umweltqualitätsziele 2005. Herausgeber: ARC Seibersdorf. ARC-sys-0061.

Lebensministerium (2008) (Bau)Land in Sicht. http://gpool.lfrz.at/gpoolexport/media/file/(Bau)_Land_in_Sicht.pdf

TCB Technische commissie bodem (2009) Adviroy Report on the Effects of Soil Sealing. Den Haag, Niederlande.

Umweltbundesamt (2004) Industrielle Brachflächen in Österreich. Wien.

# Erfolgsfaktoren in der Standort- und Projektentwicklung moderner Industrie- und Technologieparks

Wilhelm Schrenk

## 1. Erfolgsansprüche an wettbewerbsfähige, impulsgebende Standortprojekte

Im Rahmen der Regional- und Strukturpolitik werden auch in Österreich zunehmend professionellere Strategien im Spezialsegment des technologie- und wirtschaftsorientierten Immobilienangebots entwickelt. Waren früher, bis in die 1980er- und 1990er-Jahre, allgemein ausgerichtete Gewerbe- und Industrieflächen sowie häufig gemischte Wirtschaftszonen die Regel, so kamen in den 1990er-Jahren die ersten Spezialisierungen in Form von Gründerzentren oder technologieorientierten Gewerbeparks auf.

Mit verschärftem Wettbewerb erhielten USP-orientierte Spezialstrategien verstärkten Rückenwind. Insbesondere in den höherwertigen, anspruchsvolleren Segmenten kam einer attraktiven Spezialisierung und Positionierung immer mehr Bedeutung zu. Die Immobilienprojekte – seien es Industrieparks oder Technologiezentren – müssen daher immer anspruchsvolleren Parametern seitens der Zielgruppen genügen. Dies stellt neue Herausforderungen bereits an die Projektentwicklung für jedes einzelne Immobilienprojekt.

Technologie- und Industrieparks sind dem Bereich der Gewerbeimmobilien zuzurechnen. Sie stellen dort allerdings ein ausgesprochen schmales Segment dar. Ihre Aufmerksamkeit erzielen sie auch weniger infolge ihrer quantitativen immobilienwirtschaftlichen Bedeutung, sondern vielmehr aufgrund ihres instrumentellen Charakters im Rahmen der Regionalentwicklung sowie Wirtschafts- und Technologiepolitik.

In Österreich werden etwa 120 Standorte diesem Sektor zugeordnet. Dabei ist aber zu beachten, dass selbst dieses schmale Segment in sich keineswegs homogen ist, sondern in den wenigen Jahrzehnten der bisherigen Entwicklung eine beachtliche Vielfalt hervorgebracht hat, die von Technologieparks, technologieorientierten Industrieparks, Gründerzentren, Innovationszentren bis hin zu Science Parks reicht.

In ihrer idealtypischen Form sind die angeführten Standortgemeinschaften allerdings nur selten anzutreffen. In der Praxis haben sich zumeist Mischformen entwickelt, sodass eine scharfe Abgrenzung nicht mehr möglich und zumeist auch nicht zweckmäßig ist.

Daher hat sich vielfach auch der Sammelbegriff **Impulszentrum** herauskristallisiert, der zumeist Gründer- und Technologiezentren, Innovationszentren, Technologieparks, technologieorientierte Industrieparks und Science Parks subsumiert. Solche Zentren können als Gebäudeinfrastruktur oder als

Flächenimmobilie (technologieorientierter Industriepark) ausgestaltet sein.

Ein klarer, regionsorientierter Innovationsbezug ist kennzeichnend für diese Zentren, in denen einer konzentriert angesiedelten Standortgemeinschaft von Unternehmen, vorrangig aus dem Produktions- und Dienstleistungssektor, gemeinsame, teilweise hochwertige infrastrukturelle Einrichtungen sowie Dienstleistungen und Servicepakete durch das Management angeboten werden.

Die impulsgebenden Aktivitäten des Zentrums richten sich dabei nicht nur nach innen auf die im Zentrum angesiedelten Unternehmen, sondern beziehen auch ausgewählte Akteure des regionalen Umfelds des Standortes mit ein.

Die unterschiedlichen Charakteristika des Zentrumsstandortes und der umgebenden Region (Stärken, Schwächen, Chancen und Potenziale) beeinflussen in hohem Maße sowohl die konzeptionelle Gestaltung des Zentrums, das dominante Betätigungsfeld der Unternehmen als auch die Qualität der angebotenen Dienstleistungen.

Im Kern geht es darum, vorhandene Stärken zu festigen, indem Chancen und Potenziale, die sich aus den standörtlichen Gegebenheiten einer Stadt oder einer Region ergeben (natürliche Ressourcen, vorhandene Infrastrukturen, Industrie- und Betriebsbesatz, Wissenszentren, Qualifikationen) aufgegriffen, gebündelt und weiterentwickelt werden.

Als zentrale Aufgaben der Zentren und Parks werden die Schaffung günstiger Rahmenbedingungen für neue, insbesondere innovative und technologieorientierte Unternehmen in ihrer Start- und Entwicklungsphase sowie ein günstiges Umfeld für ihren Wachstumspfad gesehen.

Den Zentren kommen dabei vor allem **vier Aufträge** zu:

- die Unterstützung während der Unternehmensgründung vor allem durch flexible, günstige Räumlichkeiten gekoppelt mit gründerspezifischen Beratungs- und Serviceleistungen wie insbesondere Kontaktnetzwerken;
- die Unterstützung beim Technologietransfer zur Transformation von unternehmerischen Ideen in marktgängige, innovative Produkte, Verfahren und Dienstleistungen im Rahmen der technologischen Kompetenz des Zentrums;
- die Rolle im Rahmen der (regionalen) Wirtschaftsförderung durch Einbindung der Unternehmen in regionale Netzwerke, durch Initiierung und Begleitung technologieorientierter regionaler Strategien sowie Unterstützung bei der klassischen Betriebsansiedlung;
- die Wirtschaftlichkeit des laufenden Betriebs im Park durch kostendeckende, betriebswirtschaftliche Gestion.

Es handelt sich somit um überwiegend **gemeinwirtschaftliche Ziele** und Anforderungen, die an ein Zentrum gestellt werden. Dennoch gelten die Prinzipien der Wirtschaftlichkeit und eines effizienten Managements, nur sind die Ziele eines Zentrums nicht auf eine monetäre Rendite ausgerichtet.

Der **Erfolg** eines gut geführten Impulszentrums ist letztlich an der Performance seiner Unternehmen (inner- und außerhalb des Parks) abzulesen und kann anhand von Kriterien, z. B. hochwertige Arbeitsplätze, zusätzliche Wertschöpfung, Technologieniveau, Exportquote, Innovationsgrad der Produkte und Verfahren, ökologische Verträglichkeit, Erzielung und Verwertung von Forschungsergebnissen, Kooperationsintensität mit Universitäten und Forschungseinrichtungen, Überlebensquote von Gründern u.a.m., abgelesen bzw. gemessen werden.

Auf der **Ebene des Standortraumes** können dann ein Zugewinn an dynamischen, wettbewerbsfähigen Betriebseinheiten mit weiterem Wachstumspotenzial, ein Upgrading des Qualifikationsniveaus, neue innerregionale Wertschöpfungsketten, Zugang zu neuen Märkten und Entwicklungspartnern registriert werden. Damit ist nicht nur ein signifikanter Beitrag am Arbeitsmarkt (Zuwachs beim höherwertigen Arbeitsplatzangebot) und beim Regionaleinkommen, sondern vor allem ein nachhaltiger Beitrag zu einer modernisierten Unternehmens- und regionalen Wirtschaftsstruktur erreichbar.

In Hinblick auf die räumliche Verteilung von Innovationszentren ist ein klarer Entwicklungsschwerpunkt in städtischen, industrie- und wissensbezogenen Räumen erkennbar. Ländliche oder ausgeprägt periphere Regionen hingegen weisen eher selten ein ausreichendes Basispotenzial und damit eine Erfolgsperspektive für eine qualifizierte Parkentwicklung auf.

## 2. Der Standardfall in der realen Praxis

Im raumplanerisch einfachsten, jedoch nach wie vor häufig anzutreffenden Fall wird eine Fläche oder ein Standort ausgewählt, abgegrenzt und mit einer bestimmten Widmung ausgestattet. Diese Fläche wird dann von den Eigentümern bzw. Verfügungsberechtigten als Standort angeboten und in einen Verkaufsprozess übergeführt. Was dort konkret passieren soll, darüber bestehen häufig nur sehr vage Vorstellungen seitens der Raumplanung oder der Standortgemeinden, noch geringer sind die tatsächlichen Gestaltungsmöglichkeiten. Sie beschränken sich auf das Zielsegment einer bestimmten Baugebietskategorie (zumeist Gewerbe- oder Industriegebiet oder ähnliches, versehen mit einer minimalen und maximalen Bebauungsdichte). Damit sind die raumplanerischen Instrumente zumeist aber schon wieder erschöpft.

Ob auf dieser Fläche überhaupt eine gewerblich-industrielle Nutzung zustandekommt bzw. welche konkreten wirtschaftlichen Aktivitäten dort entfaltet werden, darauf nimmt die Planung weder quantitativ noch qualitativ einen entscheidenden Einfluss. Damit bleiben oft hochwertige Standorte ineffizient genutzt; die Wirkung auf das Regionalgefüge bleibt ebenso hinter den Möglichkeiten zurück. Eine Impulswirkung, so sie überhaupt zustande kommt, ist eher das Ergebnis eines Zufalls als das Resultat einer planerischen Strategie. Ob die Region an Wettbewerbsstärke und standörtlicher Attraktivität dazu gewinnt, bleibt dahingestellt.

Das Ergebnis ist zumeist ein eher zufälliges Nebeneinander von Nutzungen und wirtschaftlichen Aktivitäten ohne interaktiven Zusammenhang zwischen den Betrieben. Dadurch können kaum Möglichkeiten für Synergien am Standort entstehen, woraus wiederum Potenzial für neue Aktivitäten hervorgehen könnte. Es ist nicht einmal sichergestellt, dass sich die zufällig angesiedelten Unternehmen nicht wechselseitig stören oder in ihrem Image beeinträchtigen.

Seitens der Standortanbieter – dies kann auch die Gemeinde selbst sein – dominiert zumeist das Interesse an einer schnellen Verwertung der Flächen. Die Managementaktivitäten beschränken sich zumeist auf die Erschließung des Standortes sowie auf ein mehr oder weniger aktives Marketing mit begrenzter Reichweite. Sobald die Flächen verkauft und betrieblich besiedelt sind, gilt das Projekt als erfolgreich abgeschlossen. Die Gemeinde sieht die Summe der hier entstandenen Arbeitsplätze und die Einnahmen in der Kommunalsteuer als ihre einzigen Erfolgsparameter. Qualitative Aspekte oder strukturelle Kriterien werden meist nicht gesehen.

## 3. Konzept der Managementimmobilie

Dagegen stellt das Konzept der Managementimmobilie, wie es in Technologieparks und Impulszentren zur Anwendung kommt, eine gänzlich andere Herangehensweise dar. Es basiert auf einer klaren Zielsetzung, einer konsequenten, langfristigen Strategie und einem professionellen Management in der Umsetzung – wenig bleibt hier dem Zufall und dem Preiswettbewerb überlassen.

Der Projektentwicklungsprozess wird hier durch eine äußere Zielvorgabe (Auftrag) in Verbindung mit einer inhaltlichen Idee ausgelöst.

Mit der inhaltlichen Zieldefinition wird die wichtigste Weichenstellung getroffen. Idealtypisch wird die **strategische Positionierung** auf Basis von folgenden **Grundüberlegungen** vorgenommen:

- hohe Ambition in der Zielsetzung im Sinne eines visionären Zukunftsbildes (das Projekt soll ja zu einer signifikanten und nachhaltigen Weiterentwicklung im Standortraum führen);
- internationale Orientierung sowohl hinsichtlich Angebotsqualität und Zielgruppen, als auch in der Offenheit gegenüber strategischen Partnern;
- Aufbau außerordentlicher Erfolgspotenziale durch das Zentrum für eine gewünschte Zielgruppe;
- langfristige Perspektive in der Umsetzung: Anspruchsvolle Projekte sind keine Schnellläufer, kurze Erfolgshorizonte drücken möglicherweise allzu stark auf die Qualität der Resultate;
- in einigen wichtigen Punkten ein außergewöhnliches Projekt zu entwickeln ist besser, als in vielen beliebigen Aspekten perfekt zu sein;
- nach Möglichkeit keine Kompromisse in der Standortwahl – Standortqualität und Projektziel müssen kompatibel sein.

Die Projektentwicklung endet bei den typischen Managementimmobilien wie den Technologieparks nicht mit der Eröffnung des Zentrums und dem Einzug der ersten Mieter oder Investoren. Das Projekt wird nur nachhaltig erfolgreich sein, wenn laufend beobachtet und weiterentwickelt wird: Die Änderungen des Marktes und der erforderlichen Infrastruktur, die Entwicklung des

Technologiesegmentes erfordern einen laufenden Prozess der aktiven Beschäftigung mit dem gesamten Angebot des Zentrums.

- Projektentwicklung wird hier auch als ein strategischer Ansatz zum Aufbau von Erfolgspotenzialen und zur Erzielung nachhaltiger Wettbewerbsvorteile angesehen.
- Managementimmobilien stellen eine permanente Herausforderung zur Weiterentwicklung, Optimierung und möglichst frühzeitigen Anpassung an neue Anforderungen sowie Änderungen im Technologie- und Marktumfeld dar.
- Die erforderlichen Projektentwicklungs- und Managementaktivitäten greifen regelmäßig auch über die Grenzen der Immobilie hinaus und beziehen selektiv und strategisch das Umfeld des Parks mit ein.
- Eine klare Abgrenzung zwischen Projektentwicklung und -management ist daher meist nicht möglich bzw. zweckmäßig.

Als erkennbare **Entwicklungstendenzen** werden folgende Parameter sichtbar:

- Der Schwerpunkt der unternehmerischen Aktivitäten liegt zunehmend deutlicher bei den wissensbasierten Gründungen und Firmenprojekten. Immer häufiger werden Ergebnisse aus einer produktiven Zusammenarbeit zwischen Wissenschaft und Wirtschaft in unternehmerische Markterfolge umgesetzt und damit auch zukunftsfähige Beschäftigungsmöglichkeiten geschaffen. Gerade diese Unternehmenssparte weist zumeist ein außerordentlich hohes Wachstumspotenzial auf.
- Durch die zunehmende inhaltliche und technologiespezifische Bündelung entwickeln sich die Parks zunehmend zu Kompetenzzentren. Damit sind auch neue Anforderungen an die Weiterentwicklung bzw. Neuentwicklung von Parkprojekten verbunden.
- Sowohl in Österreich als auch in Deutschland wurde in den letzten 25 Jahren eine hohe Flächendichte an Parks und Zentren erreicht. Für die Zukunft ist daher eher mit einem Abflachen von Neuentwicklungen zu rechnen. Allerdings wird gleichzeitig der Trend zur Spezialisierung zunehmen und im Bestandsbereich eine stärkere Ausrichtung auf einzelne oder wenige Kerntechnologien Platz greifen.
- In Zeiten stärker werdender Konkurrenz und wachsender Abhängigkeiten in allen Bereichen der Wirtschaft wird Strategieentwicklung ein immer wichtigerer und anspruchsvoller Teil der Projektentwicklung. Es geht auch darum, möglichst viele Win-win-Situationen zusammenzustellen und zu kommunizieren.
- Die Anforderungen an die Zentren und Parks steigen tendenziell: Die Komplexität der Unternehmensprojekte (in der Gründungs- und in der Wachstumsphase) nimmt zu, die Branchenrisken steigen, der technologische Fokus wird immer gezielter herauszuarbeiten und zu überprüfen sein und auf die vom Markt kommenden Anforderungen muss zunehmend rasch, wenn möglich vorausschauend, reagiert werden.
- Diese Herausforderungen betreffen nicht nur die Entwicklung neuer Projekte, sondern auch den Ausbau und die Modernisierung von bestehenden Anlagen.

Im gegenständlichen Segment treten zumeist „Nicht-Immobilienunternehmen" als Projektentwickler auf, bei denen die Immobilienaktivitäten nicht zum Kerngeschäft gehört, sondern als intern gerichtete Sekundärdienstleistung anzusehen ist.

Immobilienspezifische Leistungen werden erbracht, um die primären Aufgaben der Institution, Gebietskörperschaft oder Agentur zu erfüllen (vgl. Schulte, S. 13). Die Ideengenerierung – als Ergebnis von Fakten, Analyse, Vision und Inspiration – kommt in der Regel nicht aus dem Bereich der immobilienwirtschaftlichen Analyse, sondern entspringt den Kernstrategien der Akteure bzw. oder von ihren Auftraggebern (Wirtschaftsförderung, kommunale Wirtschaftspolitik, regionale Entwicklungsagenturen). Die immobilienwirtschaftliche Analyse ist aber ein wichtiger Kontroll- und Feinabstimmungsprozess, um die kalkulatorischen Grundlagen zu schaffen und die Angebotsgenauigkeit sowie Treffsicherheit zu erhöhen.

## 4. Hauptaufgaben der Projektentwicklung

Zählt man die Bereiche Immobilienentwicklung, Nutzerorganisation und -koordination sowie strategisches Marketing zu den Hauptaufgaben der Projektentwicklung, so lassen sich für das Segment der Technologieparks ebenfalls einige Besonderheiten festhalten:

Die **Immobilienentwicklung** hängt stark von der Identifikation und Fokussierung auf die Hauptnutzergruppen ab:

- Für technologieorientierte Dienstleistungsunternehmen werden bevorzugt moderne Büros, Labors und/oder Messtechnikräume entwickelt werden. Bei den Büroflächen ist eine breite Palette von konkreten Angebotsformen möglich vom Gruppenbüro über die „Denkzelle" zum Flexspace-Büro bis zum Business Club mit Desk Sharing. Die Ausstattung mit Technikräumen ist noch spezifischer zu definieren und hängt hinsichtlich Raumhöhe, Größe und Medienausstattung entscheidend von der Technologiesparte ab.
- Für eine eher industriell ausgerichtete Nutzergruppe wird sich die Projektentwicklung vorwiegend auf aufgeschlossene Industrieflächen, Produktionshallen und Werkstätten konzentrieren.

Die **Nutzerorganisation** versucht, möglichst frühzeitig die potenziellen Nutzer auch in die Projektentwicklung einzubeziehen. Dies kann die Treffsicherheit des Angebotes enorm erhöhen und bezieht sich nicht nur auf das zu erarbeitende Raumprogramm und die erforderliche technische Ausstattung, sondern auch auf die Planung möglicher Synergien zwischen den Nutzern und ihren internen und externen Partnern.

Im **strategischen Marketing** sind insbesondere die Zielgruppensegmentierung, die Positionierung des gesamten Angebots, die dazugehörige Kernbotschaft sowie die Grundlage für eine allfällige Markenentwicklung zu erarbeiten. Das Marketing in diesem Immobiliensegment erfolgt nicht über sonst eingesetzte Makler, sondern geht meist eigene Wege: über Branchennetzwerke, Fachmessen, Gründerseminare, Technologiemessen und Technologieveranstaltungen, Betriebsansiedlungsagenturen, PR-Arbeit und gezielte Direktansprache in der Zielgruppe.

Auch im hier untersuchten Immobiliensegment wird die Umsetzbarkeit des Projektes üblicherweise im Rahmen einer **Machbarkeitsstudie** überprüft und nachvollziehbar dargestellt. Einige charakteristische Besonderheiten seien hier herausgehoben:

**Standortanalyse:**

- Untersuchung des Potenzials auf der Ebene des Makrostandortes wie insbesondere das wirtschaftlich-technologische Umfeld (Unternehmensstruktur, Arbeitsmarkt, Qualifikationen u. a. m.);
- Evaluierung möglicher Partnerschaften und Synergien zu Forschungseinrichtungen sowie zu industriellen Leitbetrieben;
- Einschätzung des Potenzials an Spin-off- und Outsourcing-Projekten;
- Abschätzung der Bedarfskapazität segmentiert nach Nutzungsarten;
- Einschätzung der konjunkturellen Situation und Entwicklung ab Fertigstellung des Parks.

**Wettbewerbsanalyse:**

- Welche Standorte mit welchen Angeboten gibt es bereits?
- Welche Miet- oder Verkaufskonditionen sind im Segment marktüblich?
- Welche Zusatzleistungen werden angeboten?

**Positionierungsziel und Standortkompetenz:**

- Strategiebasierte Wahl eines nachhaltig wachstumsträchtigen Technologiefeldes;
- Auswahlkriterien für Mieter und Investoren;
- Grundzüge für ein strategisches Marketing.
- Die technologische Kompetenz mit glaubhafter Substanz bildet die Grundlage für eine attraktive, kommunizierbare Alleinstellung: Je nach Regionstyp kann in einem sorgfältig gewählten Technologiesegment mit einer hochwertigen, einmaligen Forschungsinfrastruktur, mit produktionsorientierten und logistischen Synergien, mit hochqualifizierten strategischen Partnern, mit der Einbindung eines herausragenden Leitbetriebes ein einmaliges Angebot entwickelt werden.
- Das strategisch zusammengesetzte Puzzle an Ausstattung, an Mieterunternehmen, an Serviceleistungen und an externen Partnern definiert und stärkt die Kernkompetenz des Zentrums. Die Projektentwicklung bleibt somit nicht auf das Grundstück oder die Immobilie beschränkt, sondern bezieht ausgewählte Partner oder Synergiefelder im Umfeld des Standortes aktiv ein.

**Produktentwicklung:**

- Welches Immobilienprodukt mit welchen Zusatzleistungen hat eine Chance auf eine mehrjährige oder nachhaltige Alleinstellung in Bezug auf die Zielgruppen?
- Die Machbarkeitsstudie dient unter anderem auch dazu, Risken zu erkennen, offenzulegen und Maßnahmen zum Risikomanagement vorzuschlagen.

## 5. Erfolgsfaktoren

### 5.1 Erfolgsfaktor Standortwahl

Obwohl Technologieparks nicht in erster Linie ein Geschäft mit der Lage darstellen, liegt im standörtlichen Potenzial dennoch eine ganz entscheidende Erfolgsvoraussetzung. Technologische Stärkefelder, die vorhandene Wissensbasis sowie die Verfügbarkeit hochwertiger technischer Infrastrukturen determinieren sowohl das mögliche Niveau als auch die Richtung der Projektentwicklung eines Technologieparks.

Die drei wichtigsten Standortkriterien für die Wahl des **Makrostandortes**:

- **Verkehrsmäßige Erreichbarkeit:** Diese bezieht sich vor allem auf den schnellen Personentransport (inklusive des Aspekts als Informationsträger) und somit auf den Anschluss an das überregionale Hochleistungsstraßennetz sowie den Zugang zu Flughäfen. Für Technologieparks ist ein direkter Bahnanschluss nicht von Bedeutung (keine Massengüter). Bei Industrieparks stellt die Bahnanbindung grundsätzlich einen Vorteil dar, allerdings ist ein eigenes Bahngleis erst ab einer Umschlagskapazität für Ganzzüge wirtschaftlich. Das flexiblere Angebot stellt hier ein Güterterminal in der Nähe des Industriestandortes (bis ca. 60 km) dar.
- **Einzugsgebiet des Standortes in qualitativer und quantitativer Hinsicht**, vor allem Größe des Arbeitsmarktpotenzials und die Qualifikationsstruktur (Anteil an Facharbeitern oder hochqualifizierten Berufstätigen); Ausstattung des Standortraumes mit technologie- und wissensorientierten Einrichtungen wie Universitäten, Fachhochschulen, höheren technischen Schulen, Forschungseinrichtungen, Kompetenzzentren etc.; Dichte und Qualität von möglichen Partnerbetrieben (Betriebsbesatz in technologieintensiven Branchen, Ausstattung mit innovations- und unternehmensbezogenen Dienstleistungen wie Software oder Engineering).
- **Verfügbarkeit hochrangiger Datenleitungssysteme:** Der schnelle, weltweite Austausch auch großer Datenmengen ist für High-Tech-Unternehmen eine unerlässliche Grundvoraussetzung geworden, wofür gegenwärtig die Breitband-Glasfasertechnologie eingesetzt wird.

Die wichtigsten Standortkriterien für die Wahl des **Mikrostandortes**:

- **Ausreichendes Flächenangebot:** Das Flächenpotenzial soll eine mehrjährige oder längerfristige Entwicklung ermöglichen, in Modulen entwicklungsfähig sein sowie über ausreichendes Erweiterungspotenzial verfügen. Die Einbindung in die kommunalen Ver- und Entsorgungsnetze ist Grundvoraussetzung.
- **Kleinräumige Verkehrsanbindung:** Zufahrt zu überregionalen Anschlussknoten mit möglichst geringen Barrieren sowie die Nähe zu und Erreichbarkeit von wichtigen Komplementäreinrichtungen (z. B. Universität); gute städtische Integration auch mit öffentlichen Nahverkehrssystemen.
- **Aufenthaltsqualität und Image:** Die Nachbarschaft und Qualität der Umgebung können die Attraktivität und Akzeptanz eines Standortes als Denkfabriken für hochqualifizierte und anspruchsvolle Mitarbeiter ent-

scheidend beeinflussen. Bei positiver Ausprägung liefern sie auch wesentliche Elemente für eine zu entwickelnde Standortidentität. Gerade in diesem Punkt gehen die Standortansprüche von Technologieparks deutlich über die Widmungskriterien der Raumordnung für Betriebsgebiete hinaus.

- **Restriktionen bei der Standortwahl:** In der Praxis hängt die Standortwahl eng mit der Trägerschaft der Akteure (räumlicher Zuständigkeitsbereich) zusammen bzw. wird von ihr limitiert.

### 5.2 Erfolgsfaktor Kernkompetenz

Da es bei einem Technologiepark ganz klar um andere Zielsetzungen geht, als lediglich mehr oder weniger erfolgreich Flächen zu vermieten, muss sich auch sein Angebot klar von dem üblicher Gewerbeflächen abheben. Es geht um die Einmaligkeit eines Gesamtkonzeptes, das eine attraktive, auch internationale Positionierung ermöglicht. In seinem Mittelpunkt steht die an den Standortstärken orientierte Kernkompetenz des Parks.

Im Einzelfall kann diese spezielle **USP (unique selling proposition)** in verschiedener Weise erzielt werden:

- durch die Ausrichtung des Parks auf ein klar umrissenes technologisches Spezialgebiet, dem nachhaltiges Wachstum zugeordnet werden kann (als Beispiele seien ohne Anspruch auf Vollständigkeit alle Umwelt- und Nachhaltigkeitstechnologien, Humantechnologien, Informations- und Kommunikationstechnologie, Biotechnologie, Werkstofftechnologie, Prozesstechniken angeführt);
- durch eine einmalige, themenorientierte Bündelung von Wissenschaft, Forschung und unternehmerischer Applikation in Richtung eines Kompetenzzentrums;
- durch die Schaffung einer attraktiven Destination für internationale Leitbetriebe, Forschungsinstitute und Spitzenwissenschaftler;
- durch das Angebot von technisch-wirtschaftlichen Standortsynergien (Liefer- und Leistungsverflechtungen, Energielieferungen, produktive Abfallentsorgung, Maschinen- und Fahrzeugpool u. a. m.);
- durch die Entwicklung infrastruktureller Systemvoraussetzungen für geschlossene Wertschöpfungsketten auf Basis eines integrierten Standortes;
- durch eine einzigartige Forschungsinfrastruktur, die renommierte Institute, Firmen und Wissenschaftler anlockt, um hier auf Basis realitätsnaher Versuchsbedingungen Projekte und Entwicklungen durchzuführen.

Letztlich geht es darum, mit einem außergewöhnlichen Angebot für hochrangige Unternehmen **außergewöhnliche Erfolgsvoraussetzungen** zu **schaffen**, die an anderen Standorten so nicht gegeben sind. Erst wenn es gelingt, ausreichend glaubwürdige Grundsubstanz in einem Parkprojekt aufzubauen, sind die Voraussetzungen für eine strategische Positionierung mit großer Strahlkraft erreicht. Den Kunden des Parks muss das Schlüsselargument klar sein, warum gerade dieser Standort die beste, ja zwingende Wahl für sie darstellt: Hier dabei zu sein, verspricht auf Grund der Alleinstellungsmerkmale des Projektes besondere Vorteile.

Strategisches Marketing für Technologieparks bedeutet, gezielt jene Mieter zu identifizieren, die zum gewählten Schwerpunkt passen und diesen stärken. Sie sollen aber auch zueinander passen und einander möglichst ergänzen (von internationalen Leitbetrieben über qualifizierte Dienstleister zu hochwertigen Zulieferbetrieben). Ein strategisch zusammengesetzter **Mietermix stärkt** die **Kernkompetenz** des Zentrums, erfordert allerdings eine konsequente Selektion: Abweichungen von der Ausrichtung auf die Kernkompetenz könnten sehr rasch die Kernzielgruppe irritieren und die Glaubwürdigkeit des Gesamtkonzepts schwächen.

### 5.3 Erfolgsfaktor Multifunktionalität und Flexibilität

Die Breite der möglichen Nutzeransprüche erfordert ein hohes Maß an Flexibilität und Multifunktionalität in der Entwicklung der Immobilie:

- Variabilität hinsichtlich Nutzungsart (Büros, Labors, Werkstätten etc.);
- Angebot unterschiedlicher Größen.

Vielfach hat sich das „Open Space"-Konzept bewährt, in dem lediglich eine Rahmenkubatur zur Vermietung gelangt und der Mieter die Feinstruktur der Raumaufteilung dann selbst nach eigenen Anforderungen vornimmt. Eine etagenübergreifende innere Erschließung (unten Werkstätten und Labors, oben Büroflächen) ermöglicht die Kombination verschiedener Nutzungsformen innerhalb einer in sich geschlossenen Mieteinheit.

Je nach Anforderung und Schwerpunktsetzung können im Rahmen einer Immobilie Flächen mit erhöhter Tragfähigkeit, Vibrationsfreiheit der Bodenplatte, übergroße Raumhöhen für die Bestückung mit Sonderapparaturen und Reinraumtechnik, Befahrbarkeit im Erdgeschoß für Lieferfahrzeuge, Werkstattflächen für Prototypenbau, Labor- und Messtechnikflächen sowie klassische Büroflächen kombiniert angeboten werden.

Ein ganz entscheidender Punkt für die Projektentwicklung ist ein modulares Ausbaukonzept. Die Umsetzung soll in marktgerechten Etappen möglich sein, wodurch sich zahlreiche Vorteile (kürzere Bauzeit und Vermarktungsdauer) und Risikominderungen (Leerstandsrisiko) ergeben.

Die Größe für die einzelnen Module wird von vielen Einzelfaktoren abhängig zu machen sein wie generell vom standörtlichen Potenzial oder auch der Flächenintensität des gewählten Technologieschwerpunktes. Für Standorte, die außerhalb von großstädtischen Agglomerationen liegen, scheinen aber Modulgrößen von 2.500 $m^2$ bis 4.000 $m^2$ (Summe an vermietbaren Flächen) marktgängig und wirtschaftlich erfolgreich zu sein.

Für Technologieparks mit Industrieparkcharakter gilt Ähnliches: Auch hier ist eine hohe Flexibilität im Erschließungssystem mit marktgerechter, modular aufgebauter Parzellierung zweckmäßig. Bei größerem Flächenbedarf sollten mehrere Einzelparzellen zu einer größeren Gesamtfläche arrondiert werden können.

### 5.4 Erfolgsfaktor Ausstattungsqualität

Generell wird einer modernen, ansprechenden Architektur große, ergänzende Bedeutung für das Image und die Identität eines Technologieparks beigemessen. Modernität in der Architektur und High-Tech im Inhalt sollen eine hohe Entsprechung erzielen. Darüber hinaus kann es auch zweckmäßig sein, den gewählten Technologieschwerpunkt auch in der architektonischen Umsetzung abzubilden oder zumindest gestalterische Elemente daraufhin auszurichten.

Allerdings sind der architektonischen Gestaltungsfreiheit seitens der Projektentwicklung durch die Forderung nach einer modularen Auflösung der Gesamtanlage doch klare Grenzen gesetzt (vor allem hinsichtlich Höhenentwicklung, Gesamtkubatur oder auch Bebauungsgrad). Es ist dadurch auch weniger leicht, eine architektonisch einprägsame Landmark durch die Technologieparkimmobilie zu entwickeln. Dennoch soll zumindest eine attraktive Einfahrts- bzw. Eingangssituation umsetzbar sein.

Für die Projektentwicklung eines hochwertigen Technologieparks ist es aber in jedem Fall wichtig, eine hohe Aufenthaltsqualität durch die Gebäude und die Gesamtanlage zu erzielen.

Im Park werden hochqualifizierte Mitarbeiter und Schlüsselkräfte tätig sein, deren Produktivität auch vom Wohlbefinden stark beeinflusst wird. Campusartige Strukturen mit fließenden Übergängen zwischen Arbeiten, Pausen und Freizeit begünstigen das Umfeld für eine hoch produktive Denkfabrik. Vorteilhaft sind daher insbesondere in der Gestaltung der Gesamtanlage:

- Attraktive Freiräume und Grünzonen mit parkartigem Charakter;
- ansprechende Blickbeziehungen von den Arbeitsplätzen in die Umgebung;
- Schaffung von Rekreations- und Kommunikationsräumen auch im Außenbereich;
- bauliche Qualität der Arbeitsplätze mit blendfreien Raumverhältnissen;
- Entflechtung von Parkplatzflächen und Pkw-Verkehr im Park.

Technologieintensive Unternehmen benötigen eine hochwertige Telekommunikationsausstattung (Breitband-Glasfasernetz), um in den weltweiten Datenfluss eingebunden zu sein. Zusätzlich kann auch ein standortbezogenes Intranet zur Kommunikation zwischen den Partnern im Park und den Partnern des Parks eine vorteilhafte Infrastruktur als elektronische Plattform darstellen, die die zwischenbetriebliche Kooperation erleichtert.

Gerade für High-Tech-Betriebe und Forschungsunternehmen ist ein außergewöhnlich hoher Sicherheitsstandard eine Grundvoraussetzung. Die hiefür definierten Security-Standards sind in gemeinschaftlich organisierten Technologieparks nicht immer leicht erfüllbar, müssen jedoch in hohem Maße gegeben sein. Auch hier gilt: Je größer die einzelnen Gebäude, desto schwieriger sind die Sicherheitsstandards abdeckbar.

Eine gemeinschaftlich nutzbare Seminar- und Präsentationsinfrastruktur zählt zu den Elementen der Basisinfrastruktur von Technologieparks, die einem hohen multimedialen Ausstattungsstandard entsprechen. Seminar- und Veranstaltungsräume sind in ihren Größen flexibel gestaltbar (30–100 $m^2$) und werden je nach nutzerspezifischer Anforderung möbliert.

Technologieparks sollen auch in ökologischer Hinsicht einem modernen Standard entsprechen, was auch das Image des Standortes fördert und sich günstig auf die laufenden Betriebskosten sowie die immobilienwirtschaftliche Werthaltigkeit der Objekte auswirkt.

### 5.5 Erfolgsfaktor Kommunikationsintensität

Moderne Technologieparks sind als Zentren der Innovation und Kreativität angelegt. Innovation gilt als die wesentliche treibende Kraft für die Wettbewerbsfähigkeit im globalen Kontext und als Hauptbedingung für die nachhaltige wirtschaftliche Entwicklung erfolgreicher Unternehmen.

Studien zeigen mittlerweile, dass Innovation überwiegend aus gelungenen Kommunikationsprozessen entsteht oder dass Kommunikation daran zumindest entscheidend beteiligt ist. Dahinter liegt die Erkenntnis, dass Innovation in engem Zusammenhang mit der Generierung von Wissen steht, wobei das Wissen meist erst dann produktiv wird, wenn es mit anderen Wissensträgern ausgetauscht wird. Es ist daher sinnvoll, diesen Wissensaustausch durch formelle und vor allem auch informelle Kommunikation zu erleichtern (siehe Kovacic Iva, Virtuelle Arbeitswelten, 2009).

Es ist daher zweckmäßig, diese wertvollen, oft auch informellen Begegnungen – z. B. zwischen Wissenschaftlern und Managern – durch eine kommunikationsfördernde Planung und Gestaltung schon von der Projektentwicklung her zu ermöglichen und zu unterstützen.

Gerade in Technologieparks und Innovationszentren soll die Gebäudeinfrastruktur vor allem der Kooperation und Kommunikation von Teams (formell und informell) dienen. Vorgaben seitens der Projektentwicklung können daher folgende Gestaltungsprinzipien sein:

- Reduktion der räumlichen Hierarchien und Reduktion von baulichen Hemmschwellen;
- Schaffung einladender Kommunikationsflächen und attraktiver Begegnungszonen auch im Außenbereich;
- Raumprogramme mit unterschiedlichen Qualitäten: sowohl Denkerkojen als auch Besprechungsräume, Konzentrationsräume sowie offene Meeting Points;
- Gruppen- oder Kombibüros werden eher im Vordergrund stehen, Einzel- oder Zellenbüros stellen eher die Ausnahme dar;
- die Überschaubarkeit der Gesamtanlage für überschaubare Gruppen von Mitarbeitern (bis zu 50 je Einheit) ;
- durch die Vernetzung dieser unterschiedlichen Raumangebote entstehen Wege, Plätze und Knoten, die ebenfalls räumliche Gelegenheiten für informelle, zufällige Begegnungen darstellen.

Es beginnt also beim Wegesystem, führt über gezielt positionierte und gestaltete Begegnungsräume, die soziale, kulturelle sowie gastronomische Infrastruktur (Restaurant, Cafeteria) und wird generell von einer hohen Aufenthaltsqualität im Park unterstützt.

### 5.6 Erfolgsfaktor Zusatzangebote

Gerade bei Impulszentren und Technologieparks spielen ergänzende Serviceleistungen eine besonders wichtige Rolle. Über die unmittelbare Immobilieninfrastruktur hinausgehende Zusatzangebote können die Attraktivität des Parks bzw. des Standortes auf mehreren Ebenen aufwerten, indem sie

- die Business-Aktivitäten der Unternehmen unterstützen;
- die Kommunikation zwischen den Mietern und Mitarbeitern und zum Parkmanagement erleichtern und

forcieren und damit wertvolle Synergien schaffen;

- die Qualität der Arbeits- und Aufenthaltsbedingungen für die Mitarbeiter aufwerten und
- die Qualifikationsentwicklung der Mitarbeiter und Mieter verbessern.

Dies kann im Alltag durch das Angebot von Finanzierungs- und Förderungsberatung, Unterstützung für Unternehmensgründer oder Marketingunterstützung geschehen.

Fachvorträge, Workshops und Seminare – je nach technologischem Schwerpunkt des Parks und Interessenslage der Unternehmen – können vom Management organisiert und exklusiv den Zielgruppen angeboten werden. Darüber hinaus können direkte Trainingsmodule und ausgewählte Qualifizierungseinheiten maßgeschneidert für die Mieter entwickelt und angeboten werden (z. B. Marketing- und Verkaufstraining für Unternehmensgründer oder Finanzierung von Entwicklungsprojekten).

Ein ganz spezielles Angebot kann über die Eingliederung in einen Technologiepark erzielt werden: Identifikation und Kontaktaufbau zu ausgewählten Kooperationspartnern (Entwicklungs- oder Marketingpartner) sowie der Zugang zu nationalen und internationalen Netzwerken (VTÖ, EBN, IASP u. a. m.)

Ein aktives Parkmanagement kann auch internationale Forschungs- und Entwicklungspartnerschaften und -projekte für seine Mieterunternehmen organisieren (z. B. im Rahmen von europäischen Forschungsprogrammen). Dadurch können der Aktionsradius und die Wissenstiefe der Technologieunternehmen und Forschungseinrichtungen deutlich gesteigert werden.

Innerhalb des Parks tragen auch informelle Meetings mit der Möglichkeit von Ideenpräsentationen, Verbesserungsvorschlägen oder Kooperationsanregungen zur Qualitätsentwicklung der Community im Park bei. Dies kann auch durch digitale Plattformen und interne Netzwerke gefördert werden.

Wenn eine kritische Masse an Mitarbeitern im Park erreicht ist, können sogar Sondereinrichtungen im Bereich der sozialen Infrastruktur wie ein Kindergarten oder Kinderbetreuung für die Mitarbeiter geschaffen und angeboten werden. Dies kann es den Unternehmen erleichtern, insbesondere hochqualifizierte und anspruchsvolle Mitarbeiter an den Standort zu binden. Ähnliches gilt auch für das Angebot interessanter kultureller Veranstaltungen (Filme, Lesungen, Diskussionen, Ausstellungen etc.). Solche Maßnahmen können ebenfalls zur informellen Kommunikation zwischen den Mietern bzw. den Mitarbeitern beitragen und damit Quellen für neue Synergien innerhalb der Standortgemeinschaft darstellen. Auch die Veranstaltung von Festen oder gemeinsamen sportlichen, rekreativen Aktivitäten (z. B. Wanderung oder Schitag) eröffnen solche Möglichkeiten.

Auch die Organisation von unternehmensbezogenen Serviceleistungen wie Botendiensten, Catering bei Firmenveranstaltungen, Übersetzungsdiensten, Hotelbuchungen für Firmengäste etc. können den Unternehmen ergänzend angeboten und von diesen bedarfsbezogen abgerufen werden.

## 6. Risken und Fehler in der Projektentwicklung

Risiko kann als Möglichkeit einer Zielverfehlung interpretiert werden.

Mit der Projektentwicklung im Immobiliensektor im Allgemeinen und auch im untersuchten Segment gehen grundsätzlich hohe Risken einher:

- Es wird ein Produkt mit sehr hohem Kapitalaufwand (mit hoher materieller, funktioneller und örtlicher Fixierung) errichtet.
- Es wird für einen sehr eng begrenzten Teilmarkt entwickelt und gebaut, dessen künftige Entwicklung höchst unsicher ist.
- Im fortgeschrittenen Stadium der Umsetzung verringern sich die Möglichkeiten, das Projekt zu beeinflussen und allenfalls anders auszurichten.

Neben den allgemeinen immobilienwirtschaftlichen Risken wie Entwicklungsrisiko, Standortrisiko, Verwertungsrisiko, Wertänderungsrisiko kommen ganz spezifische Branchen- und Technologierisken bzw. Technologieänderungsrisken hinzu, die über den Zeitverlauf zumindest latent immer vorhanden sind, z. B. eine Krise der technologischen Schlüsselbranche bzw. des Leitbetriebes oder eine neue technische Basisentwicklung, die die bisherigen Anwender aus dem Markt schlägt.

Aus immobilienwirtschaftlicher Sicht könnten diese Risken durch breitere Streuung der technologischen Schwerpunkte reduziert werden, was aber andererseits klar zu Lasten der Spezialisierung, des klaren Profils am Markt sowie der Qualität und Intensität der Synergien am Standort geht.

Ein schwerwiegender Fehler kann im Bereich der Zielsetzung begangen werden: **Unklare Ziele** führen nicht nur zu einem unklaren Profil am Markt, sondern enthalten das Risiko, dass möglicherweise jeder einzelne Schritt, der gesetzt wird, letztlich falsch ist (vergleiche Gespräch mit Johann Quendler in „Eins und eins ist elf", 2004). Standorte, die sich in der Projektentwicklung und -umsetzung nicht an langfristigen strategischen Zielsetzungen orientieren, laufen sehr rasch Gefahr, zu einem **wenig unterscheidbaren Immobilienanbieter** im Sinne eines bloßen Vermieters oder Verkäufers von Quadratmetern abzugleiten. Auch das Zentrumsmanagement nähert seine Rolle dann eher einer Hausverwaltung an. Damit rückt aber auch der Preis in den Mittelpunkt des Investoren- bzw. Mieterinteresses. Eine gezielte – technologieorientierte – Auswahl und Unternehmensbesetzung wird dann kaum noch stattfinden können. Das Resultat führt dann zu einem eher zufälligen Mix an Unternehmen, die untereinander wenig bis keine Beziehungen aufweisen bzw. entwickeln können (keine Komplementarität, keine produktiven Synergien). Dadurch reduzieren sich auch die **Standortbindung** und vor allem der ursprünglich angestrebte **Struktureffekt**. Man entfernt sich auch von den Kriterien für einen nennenswerten **öffentlichen Mitteleinsatz**.

**Kompromisse in der Standortwahl** können sich als nachhaltige Schlechterstellung des gesamten Projektes rächen: Man stellt ein tolles Objekt auf ein schönes Grundstück und wundert sich dann, wenn das Projekt trotzdem nicht „abhebt" bzw. von der Zielgruppe angenommen wird. Häufig wurde dabei nicht nur die Mikrolage überschätzt, sondern vor allem das Potenzial des Makrostandortes nicht ausreichend analysiert bzw. kritisch evaluiert oder die Standortentscheidung wurde durch das (regional-)politische Wollen zu Lasten der fachlichen Empfehlung beeinflusst.

Häufig werden auch beim **Marketing** ineffiziente und wenig zielführende Strategien gewählt. Werbeaktionen in Printmedien sind sehr teuer und von enormen Streuverlusten gekennzeichnet. Je spezifischer die Zielgruppe definiert ist, um so zielgerichteter muss die Marketingstrategie angelegt sein. Es kann auch strategisch Sinn ergeben, zeitweilig Reservekapazitäten frei zu halten, um für „Wunschkandidaten" rasch angebotsfähig zu bleiben.

## 7. Erfolgreiche Beispiele

Als Projektbeispiele wurden zwei sehr unterschiedliche Initiativen ausgewählt, die jeweils unter gänzlich unterschiedlichen Voraussetzungen zustande gekommen sind und auch sehr verschiedene Inhalte verfolgen.

Gemeinsam sind ihnen jedoch einige Aspekte, die offensichtlich als besonders wesentlich herauszustreichen sind:

- eine klare, visionäre Zielsetzung, die mit langem Atem konsequent verfolgt wird;
- sie gehen von ausgewählten, regionalen Stärken und Ressourcen aus;
- die Projekte sind mit einem engagierten Management ausgestattet, das auch imstande ist, gezielt Partnerschaften zu organisieren und in regionsübergreifenden, internationalen Netzwerken zu arbeiten;
- sie haben in ihren spezifischen Schwerpunkten einmalige, hochattraktive Angebote geschaffen, die für Unternehmen und Forschungspartner einzigartige Vorteile darstellen und von diesen angenommen werden;
- mit ihren bisher erzielten Ergebnissen kann von signifikanten und nachhaltigen Impulsen für die Struktur und Entwicklung ihrer jeweiligen Regionen gesprochen werden.

### 7.1 Zentrum für erneuerbare Energie Güssing

Der Bezirk Güssing ist eine kleine, ausgeprägt ländlich strukturierte Region im südlichen Burgenland (27.000 Einwohner), Zentrum ist die Kleinstadt Güssing mit ca. 3.800 Einwohnern. Lage und infrastrukturelle Standortparameter (extreme Peripherie) stellen äußerst ungünstige Entwicklungsvoraussetzungen dar. Die Initiative zur Projektentwicklung ging im Jahre 1990 von der Stadtgemeinde Güssing aus: Beschluss zum Ausstieg aus den fossilen Energieträgern. Dabei stützte man sich auf die wenigen regionalen Ressourcen, die reichlich und kostengünstig verfügbar waren: biogene Rohstoffe als land- und forstwirtschaftliche Energieträger.

Die Gemeinde errichtete in zunächst sehr kleinen Schritten eine Biomasse-Fernwärmeanlage, eine Biodieselanlage und später auch ein Biomassekraftwerk (KWK auf biogener Basis) samt zugehörigen Leitungsnetzen. Parallel dazu wurde einschlägiges Know-How aufgebaut. Beim beabsichtigten weiteren Ausbau der Anlagen und Systeme mangelte es jedoch an ausgereiften, fertigen technischen Lösungen am Markt. Daher wurde ab 1995 gezielt damit begonnen, **Forschungspartner** zur technologischen Weiterentwicklung hereinzuholen (TU Wien, TU Graz, Universität für Bodenkultur, Joanneum Research sowie Wirtschaftspartner).

Organisatorische und Managementdrehscheibe wurde ab diesem Zeitpunkt das **Europäische Zentrum für erneuerbare Energie** (eee) in Güssing.

Als strategische Ziele wurden die technologische Weiterentwicklung und wirtschaftliche Umsetzung und Nutzung von Projekten der erneuerbaren Energie definiert, die mit dem Angebot situationsgerechter Immobilieninfrastruktur gezielt unterstützt werden sollte:

- Errichtung von Demonstrationsanlagen und Prototypen;
- Entwicklung eines Industrieparks;
- Errichtung eines Technologiezentrums;
- Errichtung eines Technikums für erneuerbare Energie;
- Errichtung eines eigenen Hotels.

Forschungs- und Entwicklungsschwerpunkte sind die thermische und biologische Konversion von biogenen Roh- und Reststoffen (Holz, Stroh, Gras, Holzstaub, Sägespäne, unbehandelte Holzabfälle etc.) zur Erzeugung von

- Wärme und Kälte,
- Strom,
- gasförmigen und
- flüssigen Energieträgern.

Dabei werden Prozesse und Anlagen entwickelt bzw. in ihrem Wirkungsgrad verbessert (Wirbelschicht-Dampfvergaser, Gasmotoren, Pyroforce-Technologie, Fischer-Tropsch-Synthese). Ein besonderer Forschungsschwerpunkt liegt in der Herstellung von synthetischen Treibstoffen der zweiten Generation aus nachwachsenden biogenen Abfallstoffen (Gras, Stroh, Hackgut) mit besserer Qualität als fossile Treibstoffe (geeignet für die modernen Motoren).

In der gesamten Region Güssing wurden bisher 30 **Demonstrationsanlagen und Prototypen** errichtet (Biomasse-Fernwärmeanlage, Biomassekraftwerk, Biostromkraftwerk, Pyrotherm-Kraftwerk mit Sondergasmotor, Biogasanlage, Holztrocknungs- und Dämpfkammern, großflächige Solar- und Photovoltaikanlagen mit ca. 700 $m^2$ Kollektorfläche).

Die **Kernkompetenz** im Bereich der erneuerbaren Energie wurde auch zu einem Angelpunkt für eine regionalspezifische **Betriebsansiedlungsstrategie**: Angebot äußerst kostengünstiger Wärmeenergie aus eigener Erzeugung für ausgewählte Branchen und Unternehmen: Errichtung und Erschließung eines neuen, großflächigen **Industrieparks** (ca. 40 ha Nettofläche) mit den Spezialangeboten Fernwärmeversorgung, Holztrocknung und Entsorgung von biogenen Holzabfällen am Standort.

In Summe sind damit ca. 1.000 Arbeitsplätze (Parkettindustrie, Naturfarben, Solarzellen) neu in Güssing geschaffen worden, was für die gesamte Region einen enormen Beschäftigungs- und Wachstumsimpuls darstellt.

Mit dem **Technologiezentrum Güssing** wurde ab 2002 vor allem für die Forschungs- und Dienstleistungsbetriebe des Schwerpunkts erneuerbare Energie eine hochwertige, gebündelte Büroinfrastruktur (4.000 $m^2$) geschaffen. Die Mieterstruktur (insgesamt 26 Firmen) ist vom Schwerpunkt erneuerbare Energie dominiert, wird aber ergänzt von verschiedenen umwelttechnischen Dienstleistern und allgemeinen wirtschaftsbezogenen und EDV-Servicefirmen. Die vermietbaren Flächen des Zentrums waren Anfang 2009 zu ca. 80 % ausgelastet.

Seit dem Jahre 2009 ergänzt das **Technikum Güssing** als neues Forschungshaus die Immobilieninfrastruktur mit 2.000 m² Laborflächen inklusive Großlabor. Die standörtliche Positionierung wurde bei der zentralen Demonstrations- und Pilotanlage vorgenommen, um die Nähe zu den realen technischen Prozessen zu haben.

Als infrastrukturelle Ergänzung des gesamten Immobilienangebotes wurde auch ein modernes **Hotel** der 3-Stern-Kategorie neben dem Technologiezentrum im Industriepark errichtet. Der Bedarf zeigte sich aus der ganzjährigen Nachfrage infolge des **Ökotourismus** sowie der **Aus- und Weiterbildungskurse** und **Fachtagungen**, die im TZ Güssing abgehalten werden. Ergänzende Nächtigungen kommen von den Business-Kunden und Klienten der örtlichen Industriebetriebe im Park.

## 7.2 Lakeside Park in Klagenfurt

Vor dem Hintergrund eines eher impulsschwachen Zentralraumes entstand die ambitionierte Vision, Kärnten in einer **ausgewählten Wachstums- und Technologiesparte**, die auf Grundlage bereits vorhandener Stärken definiert wurde, in einem langen, aber konsequent umgesetzten Prozess auf der **internationalen Landkarte** sichtbar zu positionieren. Dadurch sollte ein eigenes Kompetenzfeld etabliert werden, das für das gesamte Land signifikante Impulse bei Qualifikation, Technologieniveau und Wettbewerbsfähigkeit auslöst.

Die Initiative für den Lakeside Park ging von einer hochrangigen Personengruppe in Klagenfurt aus, die auch Vertreter von Schlüsselinstitutionen und Unternehmungen waren: die beiden Vorstände der Kärntner Wirtschaftsförderungsfonds, Institutschefs der Universität Klagenfurt sowie Unternehmer aus dem Softwarebereich. Die Projektentwicklung startete im Jahre 2000. Der gesamte Planungs- und Umsetzungszeitraum war von Anfang an langfristig angelegt. Als Zielhorizont für die Fertigstellung wurde zunächst das Jahr 2015 anvisiert.

Der Lakeside Science & Technology Park (LSP) stellt die zentrale Immobilieninfrastruktur für dieses Langfristziel dar. Als technisch-wissenschaftlicher Inhalt wurde der IKT-Sektor ausgewählt, als Standort die unmittelbare Nachbarschaft zur Alpen-Adria-Universität in Klagenfurt am Wörther See.

Mit Hilfe dieses Projektes wird ein **High-Tech-Kompetenzfeld** aufgebaut und weiterentwickelt.

Das Immobilienprojekt LSP diente dazu,

- Forschung und Entwicklung,
- Aus- und Weiterbildung sowie
- innovative Unternehmen

in räumlicher Nähe zu bündeln und dadurch optimale **Synergien** zu ermöglichen.

Die Infrastruktur des neuen Parks (ca. 26.000 m² Nettofläche als hochwertige Büroinfrastruktur in 10 Modulen) sollte vorwiegend technologie- und forschungsintensiven Unternehmungen zur Verfügung gestellt werden, die ihre Schwerpunkte in den Sektoren

- Informations- und Kommunikationstechnologie,
- Telematik bzw. Verkehrstelematik sowie
- ergänzenden und weiterführenden Technologien

aufweisen und an einer intensiven Kooperation mit der Alpen-Adria-Universität, der Fachhochschule Kärnten sowie den Absolventen dieser Ausbildungseinrichtungen haben.

Die Positionierungsziele des Lakeside Parks sind klar auf **internationale Strahlkraft** des Universitätsstandortes und **Campus im Science-&-Technology-Segment** mit hoher Qualität und attraktiver Einzigartigkeit des Gesamtangebotes ausgerichtet.

Während der **bisherigen Projektumsetzung** konnte vor allem auch im Umfeld der Projektpartner (Alpen-Adria-Universität und Fachhochschule) das technologisch-wissenschaftliche Angebot durch zahlreiche neue Institute und Studiengänge zielorientiert erweitert und geschärft werden. Neben der hochwertigen technischen Infrastruktur werden auch zahlreiche attraktive Zusatzangebote und Serviceleistungen bis hin zu den Lakeside Labs angeboten. Hochrangige internationale Veranstaltungen – die Lakeside Conferences – sowie die Einbindung in ausgewählte Netzwerke und Marktauftritte bei internationalen Fachtagungen und Fachmessen verstärken den Bekanntheitsgrad bei den Zielgruppen. Besonderer Wert wird seitens des Parkmanagements auf die Förderung der Kommunikation nach innen und außen gelegt.

Ende 2009 sind **acht Module fertiggestellt** und zu 86 % durch hochrangige Mieterunternehmen ausgelastet. Ca. 600 weitgehend hochqualifizierte Arbeitsplätze in etwa 40 Unternehmen sind entstanden. Die vorläufig letzte Ausbauetappe mit weiteren 2 Modulen und 6.000 m² Mietfläche sind in Angriff genommen. Die Marketingstrategie – selektive Direktansprache und konsequente Besetzung mit Unternehmen, die gut in die inhaltliche Schwerpunktsetzung passen – wird beibehalten.

## 8. Schlussfolgerungen/ Empfehlungen

Fast überall gibt es ordentliche, technisch gut ausgestattete Standorte. Für eine auf einen nachhaltigen Struktureffekt angelegte Strategie genügt jedoch bei weitem nicht die bloße Flächenentwicklung. Damit ist man allzu leicht austauschbar und wird kaum zur Destination von attraktiven, gesuchten Investoren mit innovativen Projekten.

Moderne Industrie- und Technologieparks können die an sie gerichteten Ansprüche an wünschenswerten Struktureffekten wie unternehmerische Innovation und High-Tech-basierte Wertschöpfung nur erfüllen, wenn sie bereits von der Projektentwicklung an konsequent auf die Schaffung **außerordentlicher wirtschaftlicher Erfolgspotenziale** ausgerichtet sind.

Auf Basis eines **ambitionierten Zieles** mit langfristiger Perspektive in der Umsetzung sowie internationaler Orientierung im Angebotsniveau treten vor allem **vier Schlüsselfaktoren** für eine erfolgreiche Entwicklung klar zutage:

- Aufbau einer **technologischen Kernkompetenz** in einem in der Region verankerten, wachstumsorientierten Technologiesegment als Grundlage für eine attraktive, kommunizierbare Alleinstellung. Das Infrastrukturangebot ist auf die Einmaligkeit des gewählten Schwerpunktes ausgerichtet (z. B. hochwertige Forschungsinfrastruktur, logistische Synergien), die Marketingstrategie zielt auf einen Unternehmensbesatz, der möglichst exakt in diesen Technologiefokus passt und die Kernkompetenz stärkt.

- **Kommunikation und Synergien** zwischen den Unternehmen und Partnern der Standortgemeinschaft erweisen sich als zentrale Erfolgsfaktoren in den Innovationsprozessen. Sie können durch die Bauweise, die technische Infrastruktur und das Serviceangebot erleichtert und gefördert werden. Technologieparks stellen Immobilien dar, die in erster Linie als Räume für hochproduktive Zusammenarbeit zwischen den Unternehmen sowie zwischen Unternehmen und Forschungseinrichtungen gesehen werden können

- Das **Angebot** für die Mieter und Investoren sollte möglichst **flexibel und modular** ausgerichtet sein und damit eine optimale Anpassung an die wechselnden/wachsenden Bedürfnisse in den schnelllebigen, oft hochvolatilen Sektoren ermöglichen. Die Modularität in der sequentiellen Umsetzung reduziert die immobilienwirtschaftlichen Risken und begünstigt die Weiterentwicklung des technischen und baulichen Angebotsstandards.

- Gezielt gewählte **Serviceleistungen und Zusatzangebote** unterstützen die Business-Aktivitäten der Unternehmen, die Kommunikationsintensität, die Qualität der Arbeits- und Aufenthaltsbedingungen und die Qualifikationsentwicklung im Park.

Erfolg gilt als Folge von Ursache und Wirkung von zielgerichteten, strategiegeleiteten Handlungen. Er ist das Ergebnis professioneller Bewertungs-, Auswahl- und Entscheidungsprozesse, keinesfalls aber ein Zufallsprodukt oder lediglich ein Resultat günstiger Umstände (vgl. M. Brandl, Grundlagen der ganzheitlichen Projektentwicklung, 2001).

In diesem Sinn stellen Impulszentren taugliche Instrumente für einen nachhaltigen, auf Innovation und Wettbewerbsstärke ausgerichteten regionalen Strukturwandel dar.

# Standortsicherung mit Instrumenten der überörtlichen Raumplanung im Land Salzburg – Möglichkeiten und Grenzen

Christoph Braumann

## 1. Vorbemerkungen

Der Begriff „Standortsicherung" hat seine Wurzeln im Bereich der Wirtschaftspolitik. Er bezeichnet ursprünglich in erster Linie Bestrebungen zur Sicherung des Bestandes und der Erweiterungsmöglichkeit von bereits vorhandenen Industrie- und Gewerbebetrieben.[1] Ebenso findet er in der Wirtschaftspolitik Anwendung im strukturpolitischen Kontext – die „Sicherung regionaler Wirtschaftsstandorte" zielt auf bestimmte großräumige Standortfaktoren und Strukturverhältnisse ab, die es zu sichern oder zu entwickeln gilt.

Als einer der grundlegenden Faktoren zur Standortsicherung wird aus Sicht der Wirtschafts- und Strukturpolitik immer wieder die „Planungssicherheit" hervorgehoben, die in erster Linie im Zusammenhang mit Planungs- und Baurecht gesehen wird.[2] Ob es sich nun um die Sicherung von Bestand und Ausbaumöglichkeiten bestehender Betriebe handelt oder um die Voraussetzungen für die Ansiedlung neuer Betriebe, es ist dabei also immer die Raumordnung mit angesprochen, gilt es doch gerade bei der betrieblichen Standortsicherung, ein verträgliches Miteinander verschiedener Nutzungen mit unterschiedlichen Ansprüchen auf begrenztem Raum zu gewährleisten.

Maßnahmen zur Standortsicherung mit Instrumenten der Raumplanung bestehen in erster Linie in raumbezogenen Festlegungen zur Sicherung konkreter Flächen, meist in Form von überörtlichen Planungsvorgaben mit dem Ziel einer Beschränkung des kommunalen Planungsermessens, um unerwünschte Nutzungen auf bestimmten Standorten zu unterbinden.[3] Darüber hinaus können solche Maßnahmen jedoch auch der Sicherung von bestimmten Strukturverhältnissen und Qualitäten eines Standortes und seiner Umgebung gelten.

Nachhaltige Wirkungen können Maßnahmen zur Standort- bzw. Flächensicherung allerdings nur dann gewährleisten, wenn sie in eine umfassendere methodische Vorgangsweise eingebettet sind. Kurz umrissen sind dafür folgende Schritte erforderlich:

1 siehe Katharina Serini, Frank Sommer. Leitfaden zur Standortsicherung. Hrsg. Industrie- und Handelskammer für München und Oberbayern. München, 2009. S. 4 f.

2 ebenda. S. 3.

3 Vergleiche: Arthur Kanonier. Aktuelle Raumordnungspolitik bei Planungsmaßnahmen hinsichtlich Industrieanlagen. Studie im Auftrag der Industriellenvereinigung. Wien, 2007. S. 24 ff.

- Finden (von geeigneten Standorten und Flächen),
- Sichern (mit Instrumenten der überörtlichen und örtlichen Raumplanung),
- Entwickeln (zur Verwirklichung der angestrebten Nutzungen).

Während die beiden ersten Schritte unmittelbar in das „Metier" der Raumplanung fallen, sind zum entscheidenden dritten Schritt – der Verwirklichung – bestenfalls Hilfestellungen möglich. Die Möglichkeiten und Grenzen der Standortsicherung mit Instrumenten der Raumplanung werden maßgeblich von dieser Tatsache bestimmt. Im weiteren Sinn bezieht sich die Aufgabe der Standortsicherung für die Raumplanung natürlich nicht nur auf Industrie- und Gewerbebetriebe. Sie kann ebenso die Sicherung von Wohnstandorten, von Standorten für bestimmte öffentliche Einrichtungen, von Abbaustandorten für mineralische Rohstoffe und letztlich auch die Sicherung von Standorten und Trassen für Verkehrsinfrastruktur und technische Infrastruktur zum Ziel haben.

Vor dem Hintergrund der dargestellten Gegebenheiten und Rahmenbedingungen sollen im Folgenden die Bemühungen zur Standortsicherung mit Instrumenten der überörtlichen Raumplanung im Land Salzburg umrissen werden. Die dargestellten konkreten Beispiele beziehen sich in erster Linie auf die Standortsicherung für betriebliche Zwecke, allerdings sollen auch Hinweise auf weitere Aufgabenbereiche erfolgen, mit denen sich die überörtliche Raumplanung in Salzburg derzeit auseinandersetzt.

## 2. Anliegen für die betriebliche Standortsicherung

Im gesamten Land Salzburg sind gegenwärtig insgesamt rund 2.186 Hektar für betriebliche Nutzungen in Form von Betriebs-, Gewerbe und Industriegebieten gewidmet.[4] Laut Betriebsstandorte-Informationssystem[5] bestehen rund 200 Hektar gewidmete unbebaute Flächen im Land, die für eine gewerbliche Bebauung verfügbar wären. Doch bereits das Salzburger Wirtschaftsleitbild von 2003 nannte als spezifische „Salzburger Schwächen":[6]

- das Fehlen von großen, zusammenhängenden Grundstücksflächen in verkehrsgünstiger Lage sowie
- das insbesondere im Vergleich zum benachbarten Oberösterreich sehr hohe Grundstückspreisniveau bei Industrie- und Gewerbeflächen.

Vor diesem Hintergrund ist es verständlich, dass gerade in einem Land mit begrenztem Dauersiedlungsraum, der einer Vielzahl von teils konkurrierenden Nutzungen Raum bieten muss, die Standortsicherung für betriebliche Zwecke einen hohen Stellenwert für die Raumordnungspolitik hat.

Folgende grundsätzliche Anliegen für die betriebliche Standortsicherung lassen sich dabei hervorheben:

4 eigene Widmungsauswertung, Salzburger Geographisches Informationssystem SAGIS (Stand 7 / 2009).

5 Daten aus dem Salzburger Betriebsstandorte-Informationssystem: http://www.salzburg.gv.at/sabsi

6 Wirtschaftsleitbild Land Salzburg. Hrsg. Amt der Salzburger Landesregierung, Abt. 15 – Wirtschaft, Tourismus und Energie. Salzburg 2004. S. 62.

- Sicherung von Flächenpotenzialen zur Neuansiedlung von Betrieben an geeigneten Standorten,
- Sicherung von Entwicklungsmöglichkeiten zur Erweiterung bestehender Betriebsstandorte,
- Sicherung von ausgewiesenen Flächen für eine gewerbliche Nutzung gegen wirtschaftliche Konkurrenznutzungen.

Die maßgebliche Ausgangsbasis für die Umsetzung dieser Anliegen stellt das Salzburger Landesentwicklungsprogramm (LEP) 2003 dar. Dort ist folgende generelle Zielvorgabe zur Standortsicherung und Betriebsansiedlung verankert:[7]

„*Sicherung und Entwicklung von Betriebsstandorten mit überörtlicher Bedeutung an dafür geeigneten Standorten unter Berücksichtigung des Bedarfs.*"

Als „Betriebsstandorte mit überörtlicher Bedeutung" werden dabei im LEP zusammenhängende Flächen ab einer Größe von 8 ha definiert. Bestimmte Lagekriterien für Betriebsstandorte mit überörtlicher Bedeutung wurden im LEP verbindlich verankert. Dort sind vorgegeben:[8]

- Nähe zu Entwicklungsachsen,
- Nähe zur Autobahn,
- Nähe zu Autobahnanschluss,
- Nähe zur Bahninfrastruktur,
- geringe Beeinträchtigung der umgebenden Flächen,
- Geländeneigung,
- raumstrukturelle Eignung der Standortgemeinde.

Grundlage für die im LEP angesprochene „Standorteignung" bildet ein einheitliches Bewertungsmodell, das aufbauend auf einer landesweiten Analyse mit Hilfe der Datenbestände des Salzburger Geographischen Informationssystems (SAGIS) erarbeitet wurde.[9] Zielsetzung war es dabei, ausgehend von Ausschlusskriterien einerseits sowie „Positivkriterien" andererseits Eignungsbereiche für Betriebsstandorte zu ermitteln. Die Berechnung der Standortpotenziale beruhte auf einer Reihe bestimmter Faktoren, die das Ausmaß der Lagegunst eines konkreten Standortes in Hinblick auf die Eignung als Gewerbezone beschreiben.[10] Durch Einbeziehen von Vertretern aus Wirtschaft, Raumplanung sowie Politik und Behörden in einen begleitenden Arbeitskreis wurde ein breites Spektrum von Werthaltungen mit jeweils unterschied-

7 Salzburger Landesentwicklungsprogramm. Gesamtüberarbeitung 2003. Entwicklungsprogramme und Konzepte, Heft 3. Hrsg. Amt der Salzburger Landesregierung, Abteilung 7 – Raumplanung. Salzburg, 2003. S. 28.

8 siehe die Erläuterungen zum Salzburger Landesentwicklungsprogramm – Gesamtüberarbeitung 2003 zu D.1. Standortsicherung und Betriebsansiedlung. Ebenda. S. 130.

9 Standortpotenziale für überregionale Betriebsstandorte. GIS – gestütztes Rechenmodell zur Sicherung geeigneter Flächen. Bearb. Institut für computergestützte Raumanalyse ICRA (Erich Dumfahrt, Thomas Gaisecker, Alexander Schwap). Hrsg. Amt der Salzburger Landesregierung, Abt. 7 – Raumplanung. S. 3 f.

10 Als Ausschlusskriterien galten dabei unter anderem Gebiete mit Widmung für Wohnen, Schutzgebiete (Wasserschutzgebiete, Naturschutzgebiete etc.), Flächen mit einer Geländeneigung über 10 % oder Wald mit höherwertiger Schutz-, Wohlfahrts- sowie Erholungsfunktion. Als Faktoren für die Lagegunst galten beispielsweise die Nähe zu einem Autobahnanschluss, zur Eisenbahn, zu höherrangigen Straße, zu Haltestellen des öffentlichen Verkehrs, die Konfliktfreiheit (Distanz zu nächstgelegenen Wohnbereichen beziehungsweise entsprechenden Widmungskategorien), Infrastrukturausstattung sowie Nähe zu bestehenden Gewerbe- bzw. Industriegebieten. A. a. O., S. 6 f.

lichen Gewichtungen der Faktoren eingebracht. Aus den daraus mittels eines rasterbasierten GIS-Modells ermittelten Einzelergebnissen wurden jene Flächen herausgefiltert, für die sich ein breiter Konsens hinsichtlich ihrer Eignung als Standortbereich für eine Gewerbe- und Betriebsansiedlung ergab.[11] Da das Bewertungsmodell auf standardisierten Daten aufbaut, muss im Einzelfall natürlich eine Plausibilitätsprüfung für den konkreten Standort erfolgen.

## 3. Standortsicherung für Betriebsgebiete – Sachprogramm „Standortentwicklung für Wohnen und Arbeiten im Salzburger Zentralraum"

Schon seit Mitte der 1990er-Jahre bestand für den Salzburger Zentralraum ein Sachprogramm „Wohn- und Betriebsstandorte", zu dessen wichtigsten Anliegen die Sicherung von großflächigen Gewerbezonen zählte.[12] In der aktuellen Neufassung dieses sektoralen Programms, das unter dem Namen „Standortentwicklung für Wohnen und Arbeiten im Salzburger Zentralraum" mit Verordnung der Salzburger Landesregierung vom 26. Jänner 2009 verbindlich erklärt worden ist,[13] wird dieses Bestreben fortgeführt und erweitert.

Maßgebliche Zielsetzungen bei der Überarbeitung des Sachprogramms waren die verbesserte Abstimmung von Siedlungsentwicklung und öffentlichem Verkehrssystem im Salzburger Zentralraum, das Leitbild einer „Region der kurzen Wege" unter Berücksichtigung von demographischem Wandel und bedürfnisgerechter Raumplanung, die Sicherung einer tragfähigen Versorgungsinfrastruktur und die verstärkte gemeindeübergreifende Zusammenarbeit.[14]

Als Beitrag zur Standortsicherung werden im Sachprogramm an geeigneten Standorten mit der Möglichkeit eines Schienenanschlusses insgesamt dreizehn Gewerbezonen mit Flächen zwischen 12 und 50 ha festgelegt. Solche Gewerbezonen sind vorrangig für Betriebe mit starkem Güterverkehrsaufkommen und/oder großem Flächenbedarf bestimmt. Die Flächen für die Gewerbezonen sind unter Beachtung der im Sachprogramm vorgegebenen Flächenausmaße jedenfalls langfristig in den Regionalprogrammen und räumlichen Entwicklungskonzepten zu sichern und von anderen baulichen Nutzungen freizuhalten.

Als Voraussetzung für die Baulandausweisung im Bereich von Gewerbezonen ist von der Standortgemeinde ein Gesamtkonzept zur Erschließung als Grundlage für die nachfolgenden Planungen zu erstellen. Dabei sind die Verkehrsinfrastruktur (unter Berücksichtigung der Gesamtkapazität der Anschlussstraßen und des höherrangigen Straßennetzes) und die sonstige

11 Methodisch erfolgte diese Gewichtung mit Hilfe der sogenannten „Pairwise Comparison Matrix". Ebenda, S. 17 f.

12 Sachprogramm Siedlungsentwicklung und Betriebsstandorte im Salzburger Zentralraum. Materialien zur Entwicklungsplanung, Heft 12. Hrsg. Amt der Salzburger Landesregierung, Abt. 7 – Raumplanung. Salzburg, 1995.

13 Verordnung der Salzburger Landesregierung vom 26. Jänner 2009. LGBl. Nr 13/2009.

14 Sachprogramm Standortentwicklung für Wohnen und Arbeiten im Salzburger Zentralraum. Entwicklungsprogramme und Konzepte, Heft 5. Hrsg. Amt der Salzburger Landesregierung, Abteilung 7 – Raumplanung. Salzburg, 2009.

technische Infrastruktur (unter Berücksichtigung von Kapazität und Ausbaubedarf) einschließlich wasserbautechnischer Maßnahmen darzustellen. Die erforderlichen Flächen für einen Schienenanschluss sind langfristig zu sichern bzw. freizuhalten.

Im Zusammenhang mit den Bemühungen zur Sicherung großflächiger Gewerbezonen wird auch eine regionale Kooperation von Gemeinden bei deren Entwicklung und Nutzung angestrebt: Dafür sieht das Sachprogramm vor, dass bestimmte Flächenanteile dieser Gewerbezonen (wenigstens 50 % der neu auszuweisenden Baulandflächen) nur auf der Grundlage interkommunaler Kooperationen als Bauland gewidmet und genutzt werden können. Zwar fehlen der Raumplanung die geeigneten Instrumente, um den Gemeinden eine Kooperation verpflichtend vorzuschreiben, doch soll mit der dargestellten Vorgabe zumindest ein rechtlicher „Impetus" für eine verstärkte Kooperation gesetzt werden.

## 4. Standortsicherung für bestehende Betriebsstandorte – Regionalprogramm Salzburg Stadt und Umgebungsgemeinden

Im allgemeinen ist die Sicherung von Erweiterungsmöglichkeiten für bestehende Betriebsstandorte eine Aufgabe der örtlichen Raumplanung. Dass dieses Thema aber auch Maßnahmen der überörtlichen Raumplanung erfordern kann, beleuchtet eine jüngst erfolgte Änderung des Regionalprogramms Salzburg Stadt und Umgebungsgemeinden.

Ausgangspunkt und Anstoß dafür waren spezifische Zielaussagen im LEP 2003, die zur Sicherung von Entwicklungs- und Erweiterungsflächen für bestehende Betriebsstandorte festgelegt wurden:

*„Stärkung der wirtschaftlichen Leistungsfähigkeit von Gewerbe- und Industriebetrieben durch Sicherung ihrer Entwicklungsmöglichkeiten."*

Als zugehörige Maßnahme wird dort weiter ausgeführt:

*„Notwendige Erweiterungsflächen für Industrie und Gewerbe sind zur Verhinderung von Konflikten mit anderen Nutzungen zu sichern."*

Im Salzburger Ballungsraum hatte sich im Zuge konkreter Anlassfälle die Situation ergeben, dass der vom Regionalprogramm Salzburg Stadt und Umgebungsgemeinden 1999[15] festgelegte regionale Grüngürtel im Bereich zwischen Stadt Salzburg und Nachbargemeinden punktuell in einem Spannungsverhältnis mit der genannten, erst später eingeführten Verpflichtung des LEP 2003 zur Sicherung der Erweiterungsmöglichkeiten für Betriebe stand. Dies ergab den Anstoß zu einer Abänderung des Regionalprogramms: Vorerst ermittelte der Regionalverband als Planungsträger auf Grundlage einheitlicher Kriterien (regional bedeutsame Branchen, Beschäftigtenzahl), welchen Betriebsstandorten im Bereich des Verbandsgebietes überörtliche Bedeutung zuzuerkennen war. Bei Standorten solcher Betriebe innerhalb oder im Randbereich des regionalen Grüngürtels prüfte man in der Folge die räumliche Erweiterungsmöglichkeit. Für

15 Verordnung der Salzburger Landesregierung von 20. September 1999, LGBl Nr 97/1999.

bestimmte Standorte an den regionalen Entwicklungsachsen eröffnete darauf aufbauend eine Änderung des Regionalprogramms im Jahr 2007[16] die Möglichkeit, unter vorgegebenen Rahmenbedingungen (wie anderweitiger Flächenausgleich oder sonstigen Ausgleichsmaßnahmen) auch Flächen des Grüngürtels in definiertem Ausmaß für eine Baulanderweiterung beanspruchen zu können. Damit soll für die Betriebe an diesen Standorten langfristig eine entsprechende Standort- und Planungssicherheit gewährleistet werden.

## 5. Sicherung spezifischer Standorteigenschaften und -qualitäten:

Die Standortsicherung für gewerbliche Nutzungen kann aber auch das Unterbinden von wirtschaftlichen „Konkurrenznutzungen" erfordern. Hier sind besonders die Einzelhandelsansiedlungen – vor allem der großflächige Einzelhandel – auf gewidmeten Gewerbe- und Betriebsgebieten anzusprechen. Solche Nutzungen können nämlich für Gewerbebetriebe eine übermächtige Konkurrenz auf dem Bodenmarkt bedeuten. Aufgrund ihrer Umsatzleistung sind Einzelhandelsbetriebe ja meist in der Lage, wesentlich höhere Baulandpreise zu bezahlen. Damit können sie aber das Bodenpreisniveau auf einem solchen Standort so weit nach oben treiben, dass die bei der Planung ursprünglich vorgesehene gewerbliche Nutzung gar nicht mehr verwirklicht werden kann. Insbesondere wenn es sich um verkehrsgünstig gelegene Flächen an Ortsrändern handelt – die eigentlich als „Gunststandorte" für eine Betriebsansiedlung ausgewiesen wurden –, trägt diese Situation zudem fast „eigengesetzlich" zum Entstehen peripherer Einzelhandelsagglomerationen und zum viel beklagten Funktionsverlust der Ortszentren bei.[17]

Im schon zuvor genannten Sachprogramm „Standortentwicklung für Wohnen und Arbeiten im Zentralraum" wurde daher festgelegt, dass in den „Gewerbezonen" laut Sachprogramm die Ausweisung von Gebieten für Handelsgroßbetriebe (mit Ausnahme von C-&-C-Märkten) nicht zulässig ist. Damit sollen diese hochwertigen Standorte der übermächtigen Konkurrenz durch den großflächigen Einzelhandel generell entzogen werden.[18]

Zusätzlich wurde nun im neuen Salzburger Raumordnungsgesetz 2009[19] eine generelle Bestimmung eingeführt, wonach im Bauland der Kategorien „Betriebsgebiete" und „Gewerbegebiete" bauliche Anlagen für Betriebe mit Einzelhandelsnutzungen auf über 300 m² Verkaufsfläche (die aber noch keine Handelsgroßbetriebe sind) nur nach einer eigenen Kennzeichnung für Einzelhandelszwecke im Flächenwidmungsplan zulässig sind.[20] Damit wird es der Gemeinde anheimgestellt, zu entscheiden, ob solche Flächen für Gewerbebetriebe gesichert werden sollen oder eine (allenfalls partielle) Einzelhandelsnutzung doch ermöglicht wird. Dabei sind die Belange der Revitalisierung

16 Verordnung der Salzburger Landesregierung von 5. Dezember 2007, LGBl Nr 96/2007.

17 vergleiche: Peripherie ist überall. Hrsg. Walter Prigge. Edition Bauhaus, Bd. 1. Frankfurt, 1998. S. 9 f.

18 Sachprogramm Standortentwicklung für Wohnen und Arbeiten im Salzburger Zentralraum. A. a. O., S. 14.

19 Salzburger Raumordnungsgesetz 2009 (ROG 2009). LGBl Nr. 30/2009.

20 ebenda, § 32 Abs 2.

und Stärkung der Stadt- und Ortskerne aber besonders zu berücksichtigen. Für Handelsgroßbetriebe (also Einzelhandelsbetriebe über festgelegten Schwellenwerten der Verkaufsfläche) ist ohnehin eine Standortverordnung des Landes Voraussetzung für eine entsprechende Flächenwidmung.

## 6. Standort- und Trassensicherung für die Verkehrsinfrastruktur – Sachprogramm „Verkehr und Raumordnung"

Bereits einleitend wurde darauf hingewiesen, dass auch andere geplante Nutzungen – über Gewerbe- und Industriebetriebe hinaus – einer Standortsicherung bedürfen können. Als Beispiel für aktuelle Planungen in Salzburg kann in diesem Zusammenhang die angelaufene Ausarbeitung eines Sachprogramms „Verkehr und Raumordnung" genannt werden.

Anlass dafür waren entsprechende Vorgaben im Maßnahmenprogramm des „Salzburger Landesmobilitätskonzepts 2006". Dort wurde empfohlen, die in der Raumplanung zu schaffenden Voraussetzungen für entsprechende Verkehrsqualitäten und langfristige Trassenfreihaltungen in der Form eines Sachprogramms „Raumplanung und Verkehr" verbindlich zu machen.[21] Das Sachprogramm soll auf der einen Seite allgemeine Vorgaben für die Verkehrserschließung von Baulandwidmungen festlegen, auf der anderen Seite besonders das Anliegen der Trassensicherung für wichtige Verkehrsprojekte mit Mitteln der Raumordnung umsetzen. Dabei soll die Schieneninfrastruktur ebenso wie die Straßeninfrastruktur Aufnahme finden.

Durch eine Arbeitsgruppe bei der Abteilung 7 – Raumplanung wurden vorerst aus insgesamt 100 landesweit erfassten und beurteilten Projekten im Bereich der Verkehrsinfrastruktur etwa 50 % als „flächensicherungsrelevant" ausgewählt. Davon soll etwas mehr als die Hälfte in einer ersten Planungsstufe Berücksichtigung finden. Dazu zählen Trassen für Vorhaben wie die „Stadt-Regional-Bahn" im Salzburger Ballungsraum ebenso wie der Ausbau der Westbahn zur Hochleistungsstrecke; andererseits sollen Ortsumfahrungstrassen oder Trassen für neue Autobahnanbindungen gesichert werden. Inhaltlich soll dies durch den Ausschluss einer Baulandwidmung auf bestimmten, kartographisch abgegrenzten Flächen oder Trassen erreicht werden. Als wesentliche methodische Herausforderung bei dieser Planungsaufgabe ist allerdings die sachgerechte Integration der erforderlichen „Strategischen Umweltprüfung" des Sachprogramms absehbar.

## 7. Möglichkeiten und Grenzen der überörtlichen Raumplanung

Wie die vorstehenden Beispiele belegen, wird mit Hilfe der überörtlichen Raumplanung in Salzburg versucht, dem raumordnungspolitischen Anliegen der Standortsicherung auf breiter Front gerecht zu werden. Die eingangs angesprochene methodische Vorgangsweise „Finden – Sichern – Entwickeln" kommt dabei durchwegs zum Ausdruck.

---

21 siehe Qualität mit Mobilität – Salzburger Landesmobilitätskonzept 2006. Hrsg. Amt der Salzburger Landesregierung, Fachabteilung 6/7 – Verkehrsplanung. Salzburg, 2006. S. 36 f.

Insgesamt sind nach einer jüngst erfolgten Zusammenstellung im Salzburger Zentralraum an 17 großflächigen Standorten (Ausmaß über 8 Hektar, in überörtlichen Entwicklungsprogrammen gesicherte Standorte) Flächen mit einem potenziellen Gesamtausmaß von bis zu 400 ha vorhanden.[22] Die bereits seit 1995 festgelegten Gewerbezonen laut Sachprogramm „Wohn- und Betriebsstandorte im Salzburger Zentralraum“ wurden in den räumlichen Entwicklungskonzepten der betreffenden Gemeinden zur Gänze umgesetzt. Ein Teil dieser Flächen wurde mittlerweile auch als Bauland mit einer entsprechenden Widmung ausgewiesen.

Die tatsächliche Verwirklichung einer entsprechenden Betriebsansiedlung ist allerdings unterschiedlich weit gediehen. Dies weist deutlich auf die Grenzen der überörtlichen Raumplanung hin: Sie entfaltet nur Wirksamkeit, soweit ihre Vorgaben mit Mitteln der örtlichen Raumplanung und des Baurechtes umzusetzen sind. Dies kann in der Regel nicht über „Widmungsgebote“, sondern nur über „Widmungsverbote“ oder bestenfalls „Widmungsermächtigungen“ erfolgen, da ersteres ein unzulässiger Eingriff in die Planungshoheit der Gemeinden wäre.

In welchem Umfang die Gewerbezonen tatsächlich als Bauland ausgewiesen werden und ob die Gewerbezonen an der Eisenbahn im Zentralraum – wie im genannten Sachprogramm vorgesehen – wirklich in erster Linie für transport- und flächenintensive Betriebe genutzt werden, entzieht sich dem Einfluss der überörtlichen Raumplanung. Im Idealfall kann ein öffentlicher Entwicklungsträger die Umsetzung gewährleisten, wie am Beispiel der Gewerbezone „Siezenheim Kaserne“ in einer Nachbargemeinde der Stadt Salzburg: Dort wurden zuvor im Besitz des österreichischen Bundesheeres befindliche Flächen von der Salzburger Baulandsicherungsgesellschaft „Land Invest“ erworben, aufgeschlossen und weiterveräußert; bisher konnten so gewerbliche Nutzungen im Ausmaß von rund 25 ha[23] neu realisiert werden. Im Regelfall bestimmen aber Bodenmarkt und Wirtschaftsentwicklung über die tatsächliche Bebauung und Betriebsstruktur.

Ähnliche Grenzen der überörtlichen Raumplanung lassen sich auch bei der Festlegung von Flächen oder Trassen für Infrastrukturanlagen feststellen. Soweit die Planungsabsichten des Trägers einer Infrastrukturanlage hinreichend bekannt sind, kann durch ein verbindliches Sachprogramm der überörtlichen Raumplanung – mit entsprechender Begründung – den Gemeinden die Freihaltung solcher Flächen oder Standorte von zuwiderlaufenden Widmungen durch aufgetragen werden. Allerdings wird der jeweilige Planungsträger für eine neue Bahn- oder Straßentrasse durch die Festlegung der überörtlichen Raumplanung in keiner Weise hinsichtlich der tatsächlichen Realisierung gebunden.

Die überörtliche Raumplanung kann also im Bereich der Standortsicherung letztlich nur „Entwicklungsspielräume“ sichern oder „Entwicklungsangebote“ schaffen, die von anderen Akteuren sinnvoll genutzt werden müssen.

22 großflächige Gewerbezonen aufgrund überörtlicher Festlegungen. Eigene Auswertung des Referates 7/01 – Landesplanung und SAGIS des Amtes der Salzburger Landesregierung.

23 Sachprogramm Standortentwicklung für Wohnen und Arbeiten im Salzburger Zentralraum. A. a. O., Tab. 11.

Abb. 1: Standorte von Gewerbezonen laut Sachprogramm „Standortentwicklung für Wohnen und Arbeiten im Salzburger Zentralraum"

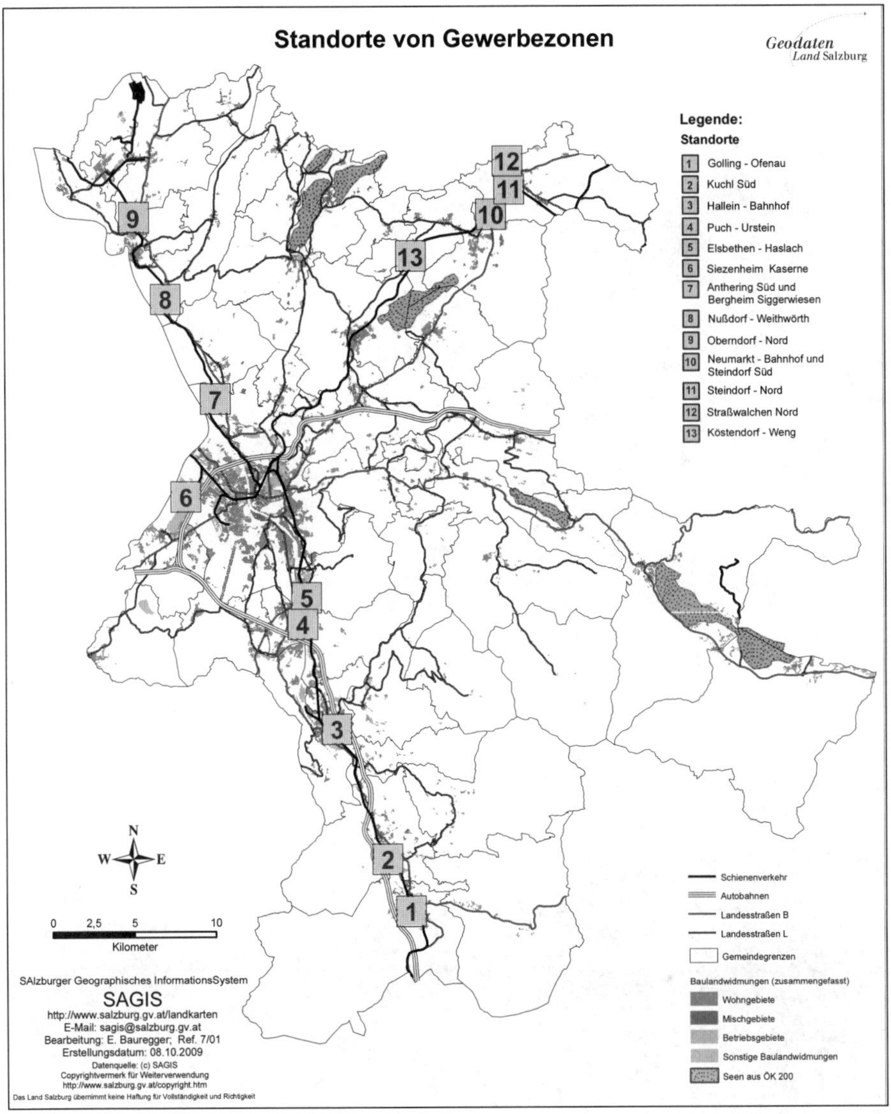


Quelle: SAGIS 2009

Abb. 2: Durch überörtliche Planungsvorgaben gesichertes Areal für eine künftige Gewerbezone im Nordosten des Salzburger Zentralraums

Quelle: Fotoarchiv Abt. 7 – Raumplanung, Foto Christoph Braumann

Abb. 3: Durch überörtliche Planungsvorgaben gesichertes Areal für eine künftige Gewerbezone im Nordosten des Salzburger Zentralraums

Quelle: Fotoarchiv Abt. 7 – Raumplanung, Foto Songild Tichy

# „Soft Facts" in der Standortentwicklung. Praxisbeispiele aus der Wiener Wirtschaftsförderung

Alfried Braumann und Gabriele Tatzberger

## „Soft Facts" in der Standortentwicklung

Standortentwicklung ist eine hochkomplexe Angelegenheit, die von einer Vielzahl von Akteuren mittel- und unmittelbar beeinflusst wird. Allgemein zielt die Wirtschaftsförderung durch öffentliche Organe darauf ab, die Wirtschaft in einer bestimmten Region zu beleben und zu unterstützen. Mit dem zunehmenden europäischen Wettbewerb der Regionen sind die Gebietskörperschaften auch vor die Herausforderung gestellt, verstärkt ihr Standortprofil zu schärfen. Dabei sind Standortfaktoren wesentlich für die Attraktivität von Standorten für Unternehmen und damit ihre Standortwahl verantwortlich. Dies betrifft sowohl die nach innen gerichtete Attraktivität eines Standortes für bereits angesiedelte Akteure wie auch das nach außen gerichtete Bild, das Standorte von sich vermitteln. Letzteres kann z. B. auf dem Negativ-Image einer hohen Kriminalitätsrate erwachsen oder auf einem symbolträchtigen Bauwerk wie der Brücke über den Öresund, die Kopenhagen und Malmö verbindet.

Im Groben kann man in der Standortentwicklung harte und weiche Standortfaktoren unterscheiden, die die wirtschaftliche Entwicklung beeinflussen. Unter harten Standortfaktoren („hard facts“) werden Steuern, Abgaben, Infrastruktur, Arbeitskräftepotenzial, Ressourcenverfügbarkeit, Standortaufbereitung, Immobilienbereitstellung, etc. verstanden (vgl. z. B. Haas, Neumair, 2006). Dies sind Angebote und Regularien, die allen Wirtschaftstreibenden zur Verfügung stehen und in diesem Artikel nicht näher erläutert werden (obwohl der hier dargestellte Wiener Wirtschaftsförderungsfonds, kurz WWFF, auch in Teilbereichen davon sehr aktiv ist).

Dieser Artikel möchte sich vielmehr auf die weichen Standortfaktoren konzentrieren, unter denen z. B. Kulturangebote, Freizeitmöglichkeiten, aber auch Serviceleistungen für die Wirtschaft subsumiert werden. Hierbei liegt der Fokus des Artikels speziell auf jenen Aktivitäten, die die Wiener Wirtschaftsförderung in diesen Bereichen setzt: Welcher „soft facts“ bedient sich eine moderne Wirtschaftsagentur wie der WWFF, um die regionale Wirtschaft und damit die Nachfrage nach Standorten zu (unter)stützen, anzuregen, zu lenken oder vielleicht auch überhaupt erst zu schaffen?

## Theoretische Basis der Intervention

Das Eintreten für eine aktive Rolle der öffentlichen Verwaltung im Bereich der weichen Standortfaktoren der Standortentwicklung setzt ein Abgehen von einer ausschließlich angebotsorientierten Standortpolitik voraus. Diese geht unter anderem von dem Grundsatz der neoklassischen Wirtschaftstheorie aus, dass auf funktionierenden Märkten das Aufeinandertreffen von Angebot und Nachfrage aufgrund der (vollständigen) Information am effizientesten erfolgt, wenn dies ungestört von Eingriffen einer höheren Ebene passiert. Dadurch würde sichergestellt, dass – für den Bereich der Standortentwicklung etwa – einzelne Flächen von den jeweils idealen Nachfragern besetzt werden. Diese Entscheidung würde über die Zahlungsbereitschaft zustandekommen: Vergleichbar mit einem Auktionsverfahren erhielte jener Nachfrager den Zuschlag, der aufgrund seines hohen Interesses den höchsten Preis zu bezahlen bereit wäre – eben der ideale Nachfrager.

Diese Betrachtungsweise ist vorab von erfrischender Klarheit und Deutlichkeit. Dennoch findet sich die Neoklassik mit ihren Grundthesen nicht erst seit der 2007 einsetzenden globalen Finanz- und Wirtschaftskrise grundlegender Kritik von verschiedenen Seiten ausgesetzt. Diese Kritik setzt meist an der zu starken Vereinfachung einer komplexen Realität durch das Modell der Neoklassik an. Denkansätze wie der rein nutzenorientiert handelnde homo oeconomicus, vollständige Information, vollkommener Wettbewerb oder effiziente Ressourcenallokation werden dabei mehr als unrealistische Karikatur denn als Vereinfachung der Realität betrachtet. Einen kompakten Überblick über die unterschiedlichen Ansatzpunkte der Kritik liefert etwa Rogall (2006, 62).

Was bedeutet dieser Ansatz für die Interpretation der Standortwahl von Unternehmen? Aufgrund der in Realität nicht vollständigen Information seitens der Nachfrager ob der Charakteristik des Angebots sowie aufgrund der Unsicherheit über die zukünftige Entwicklung können sich die Akteure bei ihrer Standortwahl häufig nicht auf quanitfizierbare Faktoren zurückziehen. So schreiben Maier/Tödtling (2005, 23) über die widersprüchlichen Anforderungen an die Standortplanung eines Unternehmens: „Einerseits machen die Langfristigkeit und die Tragweite der Entscheidung eine gründliche Analyse erforderlich. Ein falsch gewählter Standort kann die Überlebenschancen eines neu gegründeten Betriebs erheblich schmälern. Andererseits sind Betriebe kaum in der Lage, Optimierungskalküle anzuwenden, sondern sie sehen sich aufgrund der Unsicherheit und Komplexität des Problems und der großen Zahl an möglichen Standorten veranlasst, eher heuristisch vorzugehen." In diesem Licht betrachtet stellen also weiche Standortfaktoren (Netzwerke der entscheidenden Personen, Image des Standorts etc.) einen bedeutenden Faktor in der Standortwahl des Unternehmens dar.

Für den Aufbau ökonometrischer Modelle stellte die Neoklassik dennoch lange Zeit ein unangefochtenes theoretisches Grundkonstrukt zur Verfügung, dem in der Standortanalyse erst in den 1990ern etwa mit der Neuen Ökonomischen Geographie ernstzunehmende Konkurrenten im Bereich der Analyse erwachsen sind – Konkurrenten, die ihrerseits wiederum vielfältige Anleihen an den Denkweisen der Neoklassik nehmen. Die Neue Ökonomische Geographie etwa ist ein neuerer Ansatz, der räumliche Agglomerationsprozesse und zunehmende Skalenerträge durch Spezialisierung in den Mittelpunkt der Betrachtung rückt. Ansatzweise gelingt es damit, die Problembereiche vollständige Information, rationale Akteure und die fehlende Einbeziehung des Raums als solche zu überkommen. Ebenso wurden damit Ansätze geschaffen, weiche Standortfaktoren in theoretische Konzepte besser einzubinden.

Was setzt das Abgehen von einer angebotsorientierten Standortpolitik voraus, die in den dominanten ökonomischen Grundthesen inhärent vorhanden ist? Zuerst die Einsicht, dass die Angebotsseite nicht zwingendermaßen den beschränkenden Faktor der Regionalentwicklung darstellt. Mag es zu Zeiten des sogenannten Wirtschaftswunders in Deutschland und in dessen Windschatten auch in Österreich in den rund dreißig Jahren bis zu den Ölpreisschocks der 1970er-Jahre tatsächlich so gewesen sein, dass – basierend auf einem von technologischem Fortschritt, einer dynamischen demographischen Entwicklung und einem stabilen institutionellen Umfelds getragenen rapiden Wirtschaftsentwicklung – das Angebot an für diese Wirtschaft passenden Räumen der beschränkende Faktor der Entwicklung gewesen waren, so ist diese Phase passé. Insbesondere die schlussendlich 2008 in Österreich eingeschlagene globale Finanz- und Wirtschaftskrise hat vielen Akteuren schmerzhaft klar gemacht, dass eine dynamische Nachfrage nach Standorten kein Naturgesetz ist. In Phasen einer Rezession kann der Fall eintreten, dass auch ein hervorragendes Angebot z. B. aufgrund von Problemen im Bereich der Kreditvergabe nicht nachgefragt wird. Somit treten zwangsläufig Fragen der Nachfragestimulierung ins Blickfeld.

Als Folge dieser jüngsten Entwicklungen sind seit kurzem weltweit die Theorien und Methoden des britischen Ökonomen John Maynard Keynes wieder explizit en vogue. Keynes konzentrierte sich in seinen Arbeiten insbesondere auf die Nachfrageseite von Volkswirtschaften und die Möglichkeiten der öffentlichen Hand, hier – etwa durch die direkte oder indirekte Stimulierung des Konsums oder durch die Anregung der Investitionstätigkeit von Unternehmen – regelnd einzugreifen, um bestehende Divergenzen zwischen Angebot und Nachfrage auszugleichen. Bekannte aktuelle Beispiele für diese Art der Wirtschaftspolitik sind etwa Verschrottungsprämien, steigende Investitionen in Infrastruktur oder die unter „Kurzarbeit" subsumierten Maßnahmen am Arbeitsmarkt.

In der Standortentwicklung bieten Maßnahmen im Bereich der „Soft Facts" eine Reihe von Möglichkeiten, die durch angebotsseitige Maßnahmen bzw. das reine Produzieren von Standorten nicht erreicht werden können. In gewissem Sinne bereiten sie den Grund, auf dem gut geplante Standorte später florieren können. Ebenso können sie helfen, gute Standorte zu erhalten oder auch unterentwickelte Standorte zu (unter-)stützen – sowohl durch Veränderung der Situation vor Ort als auch durch Erhöhung der Attraktivität im Auftritt nach außen. Dieser Artikel soll daher beispielhaft einen Blick auf einige Aktivitäten des Wiener Wirtschaftsförderungsfonds in diesem Bereich lenken, um zu zeigen, wie hier Standortattraktivierung verfolgt wird.

## Die Arbeit des WWFF in der Praxis

Der Wiener Wirtschaftsförderungsfonds (WWFF) ist das zentrale wirtschaftspolitische Instrument der Stadt Wien. Sein Ziel ist die Stärkung der Wiener Unternehmen und ihrer Innovationskraft sowie die nachhaltige Modernisierung des Wirtschaftsstandortes, um seine internationale Wettbewerbsfähigkeit auszubauen. Das Leistungsangebot des WWFF erstreckt sich von der professionellen Beratung von Unternehmern, Gründern und Investoren über die zielgerichtete Vergabe monetärer Förderungen, die Bereitstellung und Erschließung von geeigneten Grundstücken bis hin zum weltweiten Standortmarketing für den Wirtschaftsstandort Wien. Aber auch die Errichtung und der Betrieb von modernen Technologie- und Gründerzentren, Gewerbeimmobilien sowie die Organisation von Netzwerken und Kooperationen in Österreich und im EU-Raum zählen zu seinem Leistungsspektrum.

Aufgrund seiner über 25-jährigen Erfahrung wächst der Fonds in die Rolle eines wichtigen Impuls- und Ratgebers – eines Think Tanks – für die Wiener Wirtschaftspolitik. Der WWFF wird vorwiegend aus öffentlichen Mitteln der Stadt Wien dotiert. Mit rund 3,5 Millionen Quadratmetern gehört der Wiener Wirtschaftsförderungsfonds außerdem zu den größten Liegenschaftseigentümern der Stadt. Durch den Ankauf, die Aufschließung und die Veräußerung von Gewerbe- und Industriegrundstücken gelingt dem WWFF in zunehmendem Maße eine sektorale Selbstfinanzierung. Ebenso steigt der Anteil an EU-Mitteln, die zur Finanzierung von einzelnen wirtschaftsfördernden Maßnahmen lukriert werden können (vgl. http://www.wwff.gv.at).

Im Sinne dieses Selbstverständnisses setzt der WWFF eine Reihe von Aktivitäten, um speziell kleine und mittlere Unternehmen (KMU) in ihren Aktivitäten zu unterstützen und ihnen bestehende Möglichkeiten und Angebote wie Schulungsmaßnahmen, Vernetzungsaktivitäten u. ä. näherzubringen. Theoretische Grundlage aller Versuche zur Unterstützung von Kooperationsbestrebungen von KMU ist der Grundgedanke, dass die Transaktionskosten der Etablierung von Kooperation für diese kleinen wirtschaftlichen Einheiten sehr hoch sind. Das führt im Zeitverlauf zu einer gewissen Verarmung des Unternehmens an neuen Kontakten und Diversität („im eigenen Saft schmoren"), wodurch eine (technologische, organisatorische) Weiterentwicklung erschwert wird. Dies wiederum bringt negative Auswirkungen auf die wirtschaftliche Dynamik des gesamten Standortes mit sich (vgl. etwa Wagner 2008, 24ff.).

Um die Wiener Wirtschaft und ihre Unternehmen zu unterstützen, hat der WWFF im Laufe der Jahre zahlreiche Unterstützungsmaßnahmen, immer wieder speziell auch für KMUs, entwickelt. Im Folgenden werden diese Aktivitäten des WWFF entlang von drei Themenschwerpunkten näher ausgeführt:

- themenspezifischer Netzwerkaufbau,
- Unternehmensservices,
- Standortentwicklung und -marketing.

## Themenspezifischer Netzwerkaufbau

Der WWFF verfolgt gemeinsam mit seinen Tochterunternehmen wie ZIT (Zentrum für Innovation) und Departure Themenschwerpunkte und Netzwerkaufbau in unterschiedlichen Bereichen. Grundsätzlich werden spezielle Angebote und Netzwerkbildungen dort entwickelt, wo kritische Mengen identifiziert werden können und gezielte Aktionen für die Stadt von zukünftigem strategischem Interesse sind. Seit seiner Gründung arbeitet der Wiener Wirtschaftsförderungsfonds daher eng mit dem Stadtrat-Büro für Wirtschaftsentwicklung in Wien zusammen. Seine Aufgabe ist dabei die Definition und Evaluierung von Stärkefeldern sowie die Entwicklung der passenden Strategien, um Wien als Wirtschaftsstandort in diesen Stärkefeldern nachhaltig zu positionieren und abzusichern. So erfolgte z. B. ab Mitte der 1990er-Jahre die Konzeption von Maßnahmen, die Wien zu einem mittlerweile international anerkannten Standort für Biotechnologie gemacht haben. Die Inputs des WWFF erstreckten sich dabei von der Auswahl und Entwicklung eines geeigneten Standortes für den geplanten Biotechnologie-Cluster im 3. Bezirk über die Ansiedlung von hoch spezialiseren Know-How-Trägern und innovativen Firmen bis hin zu nationalen und internationalen Werbemaßnahmen zum Aufbau von Netzwerkkontakten und Kooperationsprojekten. Ein weiteres zukunftsträchtiges Standbein für Wiener Unternehmen sowie betrieblicher F&E wurde Anfang der 2000er-Jahre mit der Konzentration auf Informations- und Kommunikationstechnologien aufgebaut. Vor allem das mittlerweile weit über die Grenzen Wiens hinaus wirksame Netzwerk für Wiener IT-Unternehmen VITE leistet dabei einen wirtschaftspolitisch wichtigen und anerkannten Beitrag für die Positionierung Wiens als IKT-Standort im Zentrum Europas. Die WWFF-Beiträge zur Cluster- und Netzwerkentwicklung für den Automotive-Bereich (ACVR) und Life Sciences (LISA) runden die bisher umgesetzten wirtschaftspolitischen Strategien zur nachhaltigen Stärkung des Wirtschaftsstandortes Wien ab.

### VITE – Vienna IT Enterprises

Mit VITE, dem Netzwerk für IT-Unternehmen, Forschungs-, Entwicklungs- und Bildungseinrichtungen in Wien, wird seitens des WWFF seit 2003 ein Netzwerk aufgebaut, das Wiener Unternehmen aus der IT-Branche durch gezielte Aktivitäten in relevanten Themenbereichen unter die Arme greifen und optimal unterstützen soll. Anhand der Zahlen wird ersichtlich, dass die Bedeutung des Wiener IKT-Sektors für die Wiener Wirtschaft größer ist als in äquivalenter Weise die IKT-Wirtschaft für Österreich. So wurden 2005 rund 8 % der Wiener Unternehmen dem IKT-Sektor zugeordnet (Vienna Region: 7 %; Österreich: 5 %). Etwa jeder zehnte Beschäftigte arbeitet in Wien in einem IKT-Unternehmen, weiters erwirtschaftete der IKT-Sektor ca. 10 % der in Wien lukrierten Erlöse und Erträge und zeichnete für etwa 15 % der regionalen Bruttowertschöpfung der marktorientierten Wirtschaft verantwortlich. In Österreich haben rund 26.000 Unternehmen einen Gewerbeschein für Informations- und Kommunikationstechnologien (IKT). Mehr als 8.200 davon sind in der Vienna Region (5.300 in Wien) angesiedelt. Wien ist damit bei weitem der größte IT-Standort Zentral- und Osteuropas. Dabei wird oft in Wien nicht wahrgenommen, dass gegenüber dem Tourismus (Bruttowertschöpfung: rd. 1,1 Mrd.) der Beitrag der Bruttowertschöpfung im IKT-Bereich etwa 6,3 mal höher ist (Zahlen aus 2005).

Als Plattform zur Umsetzung von Ideen, Initiativen und Projekten soll VITE Unternehmen dabei unterstützen, sich zu vernetzen und mit Branchenkollegen sowie Forschungs-, Entwicklungs- und Bildungseinrichtungen in Kontakt zu treten. Die spezifischen Serviceleistungen für Wiener Unternehmen aus der IKT-Branche umfassen unter anderem die Gestaltung von zielgruppengerechten Calls, die Organisation von Workshops und Seminaren sowie die Koordination mit Experten aus unterschiedlichen Fachbereichen oder den Aufbau einer „Project Angel"-Schiene sowie Kooperationsbörsen und gemeinsame Messeauftritte (national und international). Das neueste Produkt des heute rund 180 Partner umfassenden Netzwerkes ist die „GoVite-Vertriebsunterstützung" bei der VITE als Dachmarke fungiert und durch einen externen Verkaufsprofi als Kompetenzzentrum positioniert wird. Durch diesen One-Stop-Shop für IT-Gesamtlösungen mit einem Ansprechpartner werden den Kunden selbst komplexeste IT-Lösungen durch ein Netzwerk von 180 hochspezialisierten Unternehmen geboten und für die Netzwerkmitgliedern Synergieeffekte im Verkauf lukriert.

Eine weiterhin bestehende Herausforderung bei Vienna IT Enterprises ist die Frage, wie man Klein- bis Kleinstunternehmen so weit bringt, um im globalen Markt bestehen und Aktivitäten im Bereich internationaler Märkte und Ausschreibungen starten zu können. Wenn dieser Schritt erreicht ist, kann man daran gehen, an globale Forschungs- und Entwicklungsprojekte zu denken. Diese Fragen stellen sich insbesondere im Zusammenhang mit den von der EU geforderten „World Class Clustern".

### ZIT – Zentrum für Innovation und Technologie

Das Zentrum für Innovation und Technologie, ein Tochterunternehmen des WWFF, ist die Technologieagentur der Stadt Wien. Ein zentrales Ziel dieser Einrichtung ist es, die Zahl jener Wiener Unternehmen zu erhöhen, die regelmäßig Innovationen durchführen. Die dafür gesetzten Aktivitäten umfassen direkte finanzielle Unterstützung von Unternehmen im Rahmen von Calls, die Bereitstellung technologiespezifischer Infrastruktur sowie flankierende Maßnahmen in allen Phasen des Innovationsprozesses. Dabei zielen die vom ZIT konzipierten Maßnahmen primär auf die Unterstützung technologieorientierter Unternehmen, bzw. im Rahmen des 2008 gestarteten Projektes INNOVATION auf alle KMU, die Innovationsprojekte durchführen. Im Bereich der Soft Facts hilft bietet das ZIT folgende Dienstlleistungen an:

- Technologieberatung: Durch einen aktiv betreuten Wissenstransfer sollen Innovationsimpulse von Wissenspartnern zu kleinen und mittleren Unternehmen am Standort Wien ausgehen.
- Innovationsgespräche: Das ZIT bietet regelmäßig praxisorientierte Workshops für Wiener Unternehmen zu Themen rund um Forschung, technologische Entwicklung und Innovation an.
- Finanzierungsgespräche: Dabei werden vom ZIT geförderte Unternehmen und potenzielle Kapitalgeber an einen Tisch gebracht.
- LISA Vienna Region (LISA VR) ist eine gemeinsame Initiative von

ZIT und Austria Wirtschaftsservice (aws) und unterstützt die wirtschaftliche Umsetzung von wissenschaftlichen Erkenntnissen in den Bereichen der Biotechnologie und innovativen Medizintechnik.

**Departure**
Eine Wiener Einrichtung die sich einem klassischen „Soft Fact" der Standortentwicklung widmet ist die Departure Wirtschaft, Kunst und Kultur Gmbh. Dieses Tochterunternehmen des WWFF wurde 2003 als Fördereinrichtung der Creative Industries gegründet. Departure richtet sich an all jene Kreativen, die im Grenzbereich zwischen Wirtschaft und Kunst aktiv sind, und stellt ihnen finanzielle Förderungen, Beratungen und verschiedene Formen der Unterstützung zur Seite: Ideenwettbewerbe, Speed-Dating für Kreative, thematische Aktivitäten wie die Vienna Design Week, Workshops für Unternehmensgründer, Symposien, Vermittlung von Experten etc. Insbesondere bemüht sich die Einrichtung darum, das Thema Design öffentlich zu thematisieren.

Departure unterstützt dabei Unternehmer und Unternehmensgründer der Creative Industries wie Mode, Musik, Audiovision, Multimedia, Design, Verlagswesen, Kunstmarkt und Architektur, die „im urbanen Gefüge etwas bewegen wollen und die einen wichtigen Beitrag zur Prosperität der Metropole Wien leisten – Menschen, denen es ein Anliegen ist, internationales kulturelles und wirtschaftliches Flair in die Stadt zu holen und somit die Innovationskraft einer ganzen Region zu stärken. Außergewöhnliche Ideen und visionäre Projekte mit hohen inhaltlichen und wirtschaftlichen Ansprüchen bilden den Kern der Förderung durch Departure." (vgl. http://www.departure.at)

**Unternehmens-Services**

Der WWFF bietet eine breite Palette von Serviceleistungen für Unternehmen (regionales Wirtschaftsservice mit Ansprechpartnern pro Bezirk, Frauenservice, verschiedenen Förderstellen etc.), von denen nachfolgend beispielhaft zwei detaillierter beschrieben werden.

**EEN – Enterprise Europe Network**
Das Enterprise Europe Network (EEN) ist die Anlaufstelle des WWFF für Wiener Unternehmen in allen EU-Fragen. Das EEN unterstützt bei den Themen Internationalisierungen, Vernetzung und europaweiten Unternehmenskooperationen. Das angebotene Service umfasst dabei Förderberatung, EU-Infoservice, Kooperationen, Feedback sowie Finanzierungsberatung. Mit dem EEN verfügt der WWFF über einen Partner aus einem Netzwerk von 600 Organisationen in 40 Ländern mit gesamt mehr als 4.000 Experten und weiteren Kooperationspartnern in Russland und den USA. Es ist damit das größte Servicenetzwerk der Welt und erschließt für Firmen und Forschungseinrichtungen europaweit die optimalen Förderung- und Kooperationsmöglichkeiten. In Österreich sind nebem dem Büro des Wiener Wirtschaftsförderungsfonds 11 weitere Einrichtungen Partner dieses Netzwerks.

Unternehmen stehen in der Praxis oft vor einer verwirrenden Anzahl verschiedener Förderprogramme und Fördergeber, deren besondere Sprache und Ausformulierung dem Ungeübten den Zugang erschwert. Das EEN eröffnet den Wiener Unternehmen den Zugang zu diesen Programmen, so wie z. B. ein Steuerberater dem Einzelunternehmer den Zugang zu seinem Einkommensteuerausgleich ermöglicht. Auch hier zeigt sich ein Unterschied zwischen KMU und Großunternehmen: Während letztere eigene Abteilungen für steuerliche Angelegenheiten, für Förderakquise, Internationalisierung etc. besitzen, stellen diese Aufgaben in kleinen Unternehmen häufig eine Querschnittsmaterie dar, für deren Erfüllung keine explizit formulierten Zuständigkeiten bestehen. Die Erledigung bleibt damit externen Akteuren überlassen – im Fall der Förderakquise oder dem Zugang zu internationalen Kontakten Einrichtungen wie dem EEN.

Das EEN ist damit ein Instrument der Wirtschaftsförderung, das den Ausgleich von Informationsdefiziten gewährleisten soll. Es kanalisiert sowohl Informationen von Brüssel in Richtung Wiener Unternehmen als auch von diesen hinaus in die Mitgliedsstaaten der EU. Seine Arbeitsgebiete enthalten die gezielte Kommunikation von Rechtsakten wie Richtlinien oder Normungen, die Anbahnung von Kontakten von Wiener Unternehmen mit Partnern in ganz Europa oder die Information über Ausschreibungsbedingungen im Ausland oder bestimmte Märkte.

### MINGO – Move in and Grow

Auf einer anderen Ebene sind die Aktivitäten rund um die Marke MINGO angesiedelt. MINGO wurde als Impulsgeber für erfolgreiches und innovatives Unternehmertum und wirtschaftliches Wachstum entwickelt. Es umfasst die Hilfestellung in unternehmerischen Angelegenheiten, eine umfassende Unternehmensbetreuung und die Befriedigung der steigenden Nachfrage nach kleinen flexiblen Büroflächen und soll damit die Wirtschaftsentwicklung in Wien unterstützen.

Unter der Marke MINGO, die für „Move in and Grow" steht, bietet der WWFF Produkte entlang von zwei Schienen an:

- **MINGO-Büros**: harte Standortfaktoren im Sinne von kleinen und kostengünstigen Büroflächen ab 15 $m^2$ auf derzeit sieben Standorten in Wien. Dabei sind die Mietverträge kundenfreundlich gestaltet (keine Mindestlaufzeit, rasche Verfügbarkeit der Büroflächen, einfache Kündigung), wird eine Netzwerkumgebung zu anderen Unternehmen ermöglicht, die mobile Betreuung mit Leistungsangeboten des WWFF, eine moderne technische Ausstattung und gemeinsame Nutzung von Gemeinschaftsflächen, Infrastruktur (Sekretariat, …), etc. zur Verfügung gestellt.
- **MINGO-Services** gewährleisten die weichen Standortfaktoren durch die Bereitstellung bedarfsorientierter Serviceleistungen für Gründer, Jungunternehmern, Ein-Personen-Unternehmen, Kleinstbetriebe und Neue Selbstständige. Die Serviceleistungen umfassen:

*MINGO-Gründungscoaching:* Hier erfolgt im Rahmen von 4–6 Stunden die kostenlose individuelle Beratung von Gründern und Unternehmern, die bis zu 5 Jahre bestehen. Es werden unter anderem bei der Erstellung des Business-Plans unterstützt, Finanzplanungs- und Finanzierungsmöglichkeiten diskutiert, Marktchancen und -risken sowie gesetzliche Rahmenbedingungen für die jeweilige Unternehmensform thematisiert.
*Innovationsmanagement:* kostenlose Innovationsberatung in Kooperation mit der ZIT und speziellen Innovationsworkshops.

*Mingo Migrant Enterprises*: Herstellen und Vertiefen von persönlichen Kontakten zu Unternehmern mit Migrationshintergrund und Bekanntmachung der Förder- und Beratungsangebote durch eine maßgeschneiderte muttersprachliche Unterstützung. Weiters wird Hilfestellung hinsichtlich spezifischer Bedürfnisse, wie kultureller Hintergrund, angeboten.

*MINGO Academy:* Im Jahr 2009 wurden rund 90 kostenlose Ein-Tages-Workshops für alle Gründer, Neue Selbstständige und KMUs in Wien in breit gestreuten Themengebieten wie Finanzierung, Marketing, Soft Skills, Steuern, Buchhaltung etc. angeboten.

*Grätzelmanagement:* Die Serviceleistungen der Grätzelmanager bestehen in der Bestandspflege von ansässigen Unternehmen, umfassenden Informations- und Beratungsangeboten und effektiver Vernetzung der einzelnen Akteure, Hilfestellung bei der Imagewandlung eines Grätzels etc. Die Aktivitäten fokussieren dabei auf Stadtteile mit besonderem Entwicklungsbedarf, insbesondere im Umfeld der Mingo-Bürostandorte, und sollen eine Strukturverbesserung vor allem in wirtschaftlicher Hinsicht bringen.

Mit dem *Mingo Award* sollen Kleinstunternehmer, die tolle Leistungen erbringen, vor den Vorhang gebeten werden. Er wurde 2008 erstmals in verschiedenen Kategorien vergeben und zeichnete neuartige und besonders originelle Geschäftsmodelle von Klein- und Kleinstunternehmenn im Rahmen einer Gala aus.

Mit dem umfassenden Servicepaket von Mingo ist es gelungen, ergänzend zu dem sonst vorhandenen Angebot speziellen Zugang zu den Neuen Selbstständigen, Ein-Personen-Unternehmen, Gründern und Unternehmen mit Migrationshintergrund zu erhalten – Zielgruppen, die bisher manchmal benachteiligt und/oder schwierig zu erreichen waren und daher bestehende Angebote oft nur wenig genutzt haben.

## Standortentwicklung und -marketing

Der WWFF ist auch im internationalen Standortmarketing aktiv und der zentrale Ansprechpartner für internationale Investoren und Unternehmen, die eine Niederlassung in Wien planen bzw. sich für den Wirtschaftsstandort Wien interessieren. Dabei wird mit dem Internationalen Wirtschaftsservice (IWS) ein umfassendes Beratungs- und Betreuungsservice geboten wie auch die Ausarbeitung individueller ganzheitlicher Lösungen im Bereich Ansiedlungen. Aufgrund der strategischen Schlüssellage für Wien wird ein Schwerpunkt der Aktivitäten des WWFF, gemeinsam mit der Stadt Wien, in der Centrope-Region gelegt, jenem Gebiet, das Ostösterreich, Südtschechien, die Westslowakei und Westungarn umfasst. Daher begleitet und initiiert der WWFF bereits seit Jahren gezielte Aktivitäten in diesem grenzüberschreitenden Raum.

### Centrope

Die Marke Centrope wurde im Rahmen des FDI-Centrope-Projektes entwickelt und wird seitdem vielfältig von unterschiedlichen Akteuren genutzt. Die Centrope-Region verbindet alte und neue Mitgliedsländer der EU und hat bereits stark vom Erweiterungsprozess profitiert. Wien hat diesen Impuls der wirtschaftlichen Dynamik bei der Internationalisierung der Wiener Wirtschaft erfahren. Mit der Entwicklung einer neuen Wirtschaftsregion in Zentraleuropa soll das Fundament für nachhaltige grenzüberschreitende Kooperationen gelegt werden. Der Fokus liegt auf dem Aufbau eines Netzwerkes der Wirtschafts- und Regionalentwicklungsagenturen, um über Kooperationen und Erfahrungsaustausch das Wissen übereinander zu vertiefen. Von Anfang an sollte der zentraleuropäische Wirtschaftsraum „Centrope" für Bevölkerung und Wirtschaftstreibende wahrnehmbar gemacht und promotet werden. Basierend auf einer Pilotanalyse von Benchmarks für die Centrope-Region und der daraus entwickelten Palette von Marketing-Tools und Aktivitäten für Betriebsansiedlungen erarbeiteten die vier Grenzregionen gemeinsam erfolgversprechende Strategien für die Regionalentwicklung. Die Hauptintention lag darin, die Standortvorteile der Wirtschaftsregion Centrope zu bewerben und verstärkt internationale Investoren für Direktinvestitionen zu gewinnen (beispielhaft die Projekte „Direct Investment Agency Net – DIANE" oder „Foreign Direct Investment in Centrope").

Darüber hinaus hat sich der WWFF aber auch im Rahmen des BAER-Projektes (Building A European Region) mit der Entwicklung der Rahmenbedingungen für die Zusammenarbeit der Regionen und die Identifizierung von Kooperationsmöglichkeiten beschäftigt. Es wurden öffentliche und private Stakeholder, Institutionen und Unternehmen in der Centrope-Region mobilisiert und gemeinnützige Pilotprojekte initiiert. Auf Basis von Analysen und Evaluierungen bestehender Studien wurden schließlich Strategien für die Zukunft der Centrope-Region entwickelt. Einen Fokus setzte der WWFF auch auf die Ausweitung des IKT-Netzwerkes in der Centrope-Region. Mit dem CITT-Projekt (http://www.centrope-itt.eu/citt/) werden erste Schritte gesetzt, um die relevanten Akteure der IKT-Branche aus Industrie, Forschung und Entwicklung im Centrope-Raum zu identifizieren und durch Mentoring- bzw. Coachingaktivitäten einander besser bekannt zu machen. Ziel ist die Ausarbeitung einer Strategie für ein grenzüberschreitendes Centrope-IKT-Netzwerk/Cluster, um eine dynamische Entwicklung der Region zu unterstützen und dadurch auch ihre Position im globalen Wettbewerb zu stärken.

In einem nächsten Schritt soll eine Centrope Agency aufgebaut werden, die auf gleichwertiger Partnerschaft beruht – diese war bisher aufgrund des unterschiedlichen Status der EU-Mitgliedschaft und der darauf beruhenden Kooperationsprogramme nur schwer zu realisieren. Insofern steht die Region jetzt vor einem Wendepunkt, wo durch gleiche finanzielle Ausstattung der Partner ein echter Schritt in Richtung verstärkte Integration der Region gemacht werden kann. Der WWFF möchte dabei weiterhin einen Fokus auf neue grenzüberschreitende Netzwerke legen und vor allem eine umfassende Branding-Initiative organisieren, die letztendlich die Identifikation in der Region wie auch für das internationale Standortmarketing des Gesamtraumes stärken soll.

## Kommentar

Für die erfolgreiche Entwicklung einzelner Standorte wie auch die positive Entwicklung eines Wirtschaftsstandortes wie Wien, aber auch strukturell anders aufgebauter Regionen, braucht es Institutionen, die den Brückenschlag zwischen dem Angebot an Standorten und den Nachfragern nach diesen Standorten schaffen, ebenso wie zwischen Verwaltung, Politik und Wirtschaftstreibenden.

Über eine sehr breite Angebotspalette versucht der WWFF, die wirtschaftliche Entwicklung in Wien positiv zu beeinflussen und mitzuentwickeln. Dabei ist der WWFF als Wirtschaftsagentur ein kleiner Akteur in einem hochkomplexen Prozess. Der WWFF setzt viele, oft kleine Maßnahmen, die aber notwendig sind, um sich entsprechend auf künftige Herausforderungen der regionalen Wirtschaft vorbereiten zu können. Initiativprojekte und proaktives Herangehen an bestimmte Herausforderungen sind wichtig, da vieles nicht von selbst passieren würde und die Akteure über spezielle Angebote auch erst zu Zusammenarbeit, Erfahrungsaustausch, Innovation etc. motiviert werden müssen. Ein großer Vorteil der Arbeit des WWFF besteht hier darin, dass seine Mitarbeiterinnen und Mitarbeiter direkt an der Basis, mit den einzelnen Unternehmern, Gründern etc., in Kontakt sind. In diesem Sinne ist der WWFF eine jener Einrichtungen, die für diesen Brückenschlag gut plaziert sind.

Ein strukturelles Problem aktiv betriebener Wirtschaftspolitik ist eine permanent vorhandene Insider-Outsider-Problematik. Die Service- und Förderangebote des WWFF sind Reaktionen auf wahrgenommene Bedürfnisse oder Probleme und müssen ihren Adressaten aktiv vermittelt werden. Dabei entsteht das Problem dass Unternehmen, die bereits in die Kanäle des Informationsflusses eingebunden sind („Insider"), aufgrund ihres Wissensvorsprungs leichter von neuen Angeboten profitieren können als jene, die nicht oder erst spät von diesen Angeboten erfahren („Outsider"). Die wachsende Heterogenität von Wirtschaft und Gesellschaft trägt zusätzlich dazu bei, dieses Problem zu verschärfen. Hier gilt es, immer wieder aufs Neue Strategien und Projekte zu entwickeln, um die jeweiligen Zielgruppen prompt erreichen zu können.

Die Entwicklung eines Wirtschaftsstandortes wird aber auch mit Parametern in Verbindung gebracht, die sich positiv auf das Wirtschaftswachstum auswirken sollen, jedoch in diesem Artikel nicht näher erläutert wurden. Dazu zählen unter anderem niedrige Unternehmenssteuern, zyklusgerechte Geldpolitik, ein stabiles Preisniveau, „Offenheit" des Arbeitsmarktes und gute Ausbildung der potenziellen Arbeitskräfte sowie eine „optimale" staatliche Regulierung. Um in diesen Bereichen auch die Interessen des Wirtschaftsstandortes Wien einfließen lassen zu können, ist umfassendes Netzwerken und Lobbying auf nationaler und EU-Ebene von großer Wichtigkeit. Dabei ist unverzichtbar, dass die Interessen und Probleme der Unternehmen in den involvierten öffentlichen Institutionen bekannt sind. Auch hier wird der bereits mehrfach angesprochene Brückenschlag benötigt.

Ein eventuell noch „untergenutztes" Potenzial, dass vielleicht auch einen Unique Selling Point von Wien gegenüber anderen Wirtschaftsstandorten zumindest in Europa darstellt, ist die

Vielzahl an in Wien vorhandenen Kulturen und Sprachen (2006 hatten rund 20 bis 30% der Wiener Unternehmen Migrationshintergrund; vgl. Enzenhofer 2007). In einem ersten Schritt wurden in diesem Bereich bereits Initiativen gesetzt, es sind aber noch breite Bewusstseinsbildung und gezielte Maßnahmensetzungen notwendig. Dabei verlangt dieses hochkomplexe und politisch sensible Feld nach einer breit angelegten Herangehensweise, bei der die funktionierende Kommunikation zwischen den beteiligten Akteuren entscheidend ist. Auch dabei können die Einrichtungen des WWFF mit ihren Kontakten zur Wiener Wirtschaft eingesetzt werden.

Abschließend lässt sich damit feststellen, dass aus der Erfahrung der Arbeit des Wiener Wirtschaftsförderungsfonds das Engagement der öffentlichen Hand im Bereich der unterschiedlichen „Soft Facts" der Standortentwicklung unumgänglich ist. Erst durch dieses Engagement ist einerseits eine zufriedenstellende Entwicklung einzelner Standorte möglich. Andererseits sind die Netzwerke und Kontakte, die etwa von den Einrichtungen des WWFF aufgebaut wurden, in einer Vielzahl von den gesamten Wirtschaftsstandort betreffenden Fällen unverzichtbar – egal, ob bei der grenzüberschreibenden Zusammenarbeit mit Nachbarregionen, bei der Integration der lokalen Bevölkerung oder Unterstützung der wirtschaftlichen Entwicklung.

## Literatur

Maier, G., Tödtling, F. (2005), Regional- und Stadtökonomik 1: Standorttheorie und Raumstruktur. Springer, Wien, New York.

Rogall, H. (2006), Volkswirtschaftslehre für Sozialwissenschaftler: Eine Einführung. VS Verlag für Sozialwissenschaften, Wiesbaden.

Haas, H. D., Neumair, S.-M. (2006) Internationale Wirtschaft, Oldenbourg Wissenschaftsverlag, München, 2006.

Enzenhofer, E., Kessler, I., et al (2007) Ethnische Ökonomien – Bestand und Chancen für Wien, L&R Sozialforschung, Wien.

Wagner, Roland (2008), Coopetition als KMU-Unternehmensstrategie, GRIN Verlag, Norderstedt.

http://www.wwff.gv.at
http://www.vite.at
http://www.zit.co.at
http://www.departure.at
http://www.mingo.at
http://www.centrope-itt.eu/citt/
http://www.centrope.com
http://www.centrope.info
http://www.enterpriseeuropenetwork.at/

# Information und Abstimmung bei Standortfragen im Ballungsraum Wien – die Idee der VIA SUM ... aus der Praxis des Stadt-Umland-Managements Wien/Niederösterreich (SUM)

Andreas Hacker, Stefan Klingler und Renate Zuckerstätter-Semela

*Der vorliegende Beitrag gibt einen kurzen Einblick zu den Zielen und Aufgaben des Stadt-Umland-Managements Wien/NÖ (SUM), das von den beiden Ländern Wien und Niederösterreich eingesetzt wurde, um die regionale Kooperation im Ballungsraum Wien zu stärken. Anhand des Kommunikationsinstrumentes VIA SUM wird gezeigt, wie die regionale Abstimmung bei großen, regional relevanten Projekten in der Agglomeration Wien organisiert ist.*

## Agglomeration Wien: Kooperationserfordernis im komplexen Umfeld

Die Stadt Wien und ihr niederösterreichisches Umland bilden eine Agglomeration mit ungefähr zwei Millionen Einwohnern. Die Siedlungskörper der Kommunen in dieser Agglomeration sind in weiten Bereichen zusammengewachsen. In anderen Bereichen befinden sich Großsiedlungen des sozialen Wohnbaus im Blickfeld intakter bäuerlicher Strukturen. Im physischen Erscheinungsbild und in den Lebenszusammenhängen der Menschen in der Stadtregion spielen die kommunalen Grenzen eine immer geringere Rolle. Dennoch sind sie da und machen sich immer dann besonders bemerkbar, wenn hoheitsrechtliche, fiskalische oder infrastrukturpolitische Entscheidungen anstehen: wenn es um Finanzierungen, um Standortproduktion und um politische Weichenstellungen geht, die auf die jeweils anderen Gebietskörperschaften der Stadtregion einwirken. Mit zunehmender funktionaler Verflechtung, steigendem Siedlungs- und Kostendruck wachsen sowohl der Druck in Richtung Wettbewerb als auch die Notwendigkeit der Kooperation. Dies gilt insbesondere im Feld der Standortpolitik, wo jede Kommune und jedes Bundesland zunächst vorrangig eigene Interessen verfolgen.

Insgesamt haben wir es im Ballungsraum Wien/NÖ mit hochkomplexen, föderalen Kompetenz- und Entscheidungsstrukturen zu tun, die auf die Zeit kurz nach dem ersten Weltkrieg zurückgehen. Dem zersplitterten öffentlichen Sektor steht ein dynamisch und marktwirtschaftlich agierender privater Sektor gegenüber, dem es oftmals gelingt, die um Steuereinnahmen konkurrierenden Gebietskörperschaften gegeneinander auszuspielen. Die Menschen im Ballungsraum und die angesiedelten bzw. ansiedlungswilligen Unternehmen agieren in ihrem Alltag längst selbstverständlich über die Grenzen der Gebietskörperschaften hinweg und setzen voraus, dass der Ballungsraum insgesamt funktioniert.

Zur Veranschaulichung der Komplexität ein paar Beispiele:

- Zwei Bundesländer grenzen aneinander, das eine ist vom anderen umringt. Die Grenze ist oft verwischt; in den beiden Bundesländern regieren traditionell jeweils politische Gegenspieler.
- Je nach Abgrenzung umfasst der Ballungsraum Wien bis zu 72 niederösterreichische Gemeinden, davon 13 Kleinstädte. Die kleinste Gemeinde hat 92 Einwohner, die größte niederösterreichische Gemeinde im Ballungsraum hat rund 24.000 Einwohner. Die meisten Städte sind „rot", aber nicht alle; viele Dörfer sind „schwarz", aber nicht alle.
- 11 Wiener Gemeindebezirke grenzen an Niederösterreich, davon sind 8 „rot" und 3 „schwarz"; die kleinste unmittelbare Nachbargemeinde der Millionenstadt Wien hat 233 Einwohner.
- Das Land Niederösterreich muss die Interessen der Umlandgemeinden von Wien mit jenen der peripheren Landesteile abgleichen; die Stadtregion Wien konkurriert mit Prag, Budapest, München und Shanghai.
- Der Magistrat der Stadt Wien beschäftigt eine eigene große Abteilung für Flächenwidmung; die Bürgermeisterinnen und Bürgermeister der Umlandgemeinden sind Baubehörde erster Instanz und entscheiden auf vergleichbarer Ebene über die Siedlungsentwicklung im Ballungsraum – das Land Niederösterreich ist hier nur Aufsichtsorgan.
- Beide Bundesländer versuchen, über landeseigene Wirtschaftsagenturen und attraktive Standortangebote Investoren in das jeweils eigene Bundesland zu holen.

... und dennoch funktioniert der Ballungsraum tagtäglich und bietet höchste Lebensqualität.

... und dennoch müssen rasche Entscheidungen und nachhaltige Lösungen möglich sein.

... jedenfalls müssen sich die Akteure der Ballungsraumentwicklung gemeinsam den Herausforderungen eines wachsenden Ballungsraumes unter der Prämisse knapper Ressourcen stellen und den Gesetzen des internationalen Standortwettbewerbs folgen.

## Stadt-Umland-Management Wien/NÖ: „Transmissionsriemen" im Ballungsraum

Die regionale Zusammenarbeit spielt bei der Weiterentwicklung eines Ballungsraumes, in dem Kommunen miteinander funktional stark verflochten sind, eine wesentliche Rolle. Abgesehen von der technisch-planerischen Zielrichtung ist diese Zusammenarbeit vor allem eine Kommunikationsaufgabe. Sie erfordert eine lösungsorientierte, systemische Herangehensweise und sie erfordert klare, gemeinsam vereinbarte Spielregeln und Rahmenbedingungen auf den Ebenen der Politik und der Verwaltung.

Das Stadt-Umland-Management Wien/Niederösterreich (kurz: SUM) dient den Ländern Wien und NÖ, den Wiener Bezirken und den niederösterreichischen Umlandgemeinden als Schnittstelle und Katalysator für die lösungsorientierte Kooperation in der Stadtregion Wien in den Agenden der Raumentwicklung. Das SUM ist seit 2006 im „Verein NÖ/Wien – gemeinsame Entwicklungsräume" verankert, der von den Ländern Wien und Niederösterreich getragen wird. Das SUM agiert derzeit mit einem Manager für den südlichen und einer Managerin für den nördlichen Teil des Ballungsraumes. Wesentliche Akteure des SUM sind die politischen Vertreter der Wiener Stadtrandbezirke, der nö. Umlandgemeinden, des Wiener und des niederösterreichischen Landtages und Vertreter der planenden Verwaltung der Länder Wien und NÖ. Das SUM verfügt über ein Steuerungsgremium, das von diesen Akteuren beschickt wird und alternierend von der Wiener Baudirektorin und dem Leiter der Gruppe Raumordnung, Verkehr und Umwelt des Amtes der NÖ Landesregierung geleitet wird.

Das SUM ist Informationsdrehscheibe in der Stadtregion, setzt Initiativen zur regionalen Kooperation und Abstimmung, vermittelt in strittigen landesgrenzenübergreifenden Fragestellungen und organisiert den Meinungsaustausch im Ballungsraum. Hauptthemenfeld des SUM ist die Raumentwicklung mit ihren Aspekten Siedlungswesen, Infrastruktur und Grünraum.

## Kooperation im geeigneten Rahmen: Wo ein Wille ist, ist auch ein Weg

Kooperation ist in einem Umfeld des Wettbewerbs um Standortgunst und Ressourcen nicht selbstverständlich, ja, oftmals mit Befürchtungen und Misstrauen behaftet. Auf den ersten Blick macht sie das Agieren noch komplizierter, noch zeitaufwändiger. Hinter dem Willen zur Kooperation steckt zumeist im Grunde eine Notwendigkeit: Kooperiert wird dann, wenn die Vorteile für die Kooperationspartner größer sind als beim Alleingang oder im reinen Wettbewerb. Im Ballungsraum wird diese Notwendigkeit vor allem dort sichtbar, wo einander Nutzungsinteressen massiv überlagern, wo die Infrastruktur der Nutzungsdichte nicht standhält und wo gemeinsame Aufgaben nur gemeinsam bewältigt werden können. Angesichts der Herausforderung einer ressourcenschonenden Raumentwicklung vor dem Hintergrund eines prognostizierten rasanten Bevölkerungswachstums im Ballungsraum Wien sehen immer mehr Akteure in der Stadtregion diese Notwendigkeit.

Im Gegensatz zu manchen anderen Stadtregionen (z. B. Region Stuttgart, Region Hannover, Region Zürich) setzt der Ballungsraum Wien für die stadtregionale Kooperation nicht auf die Schaffung einer weiteren und neuen hoheitlichen Instanz unter dem Titel „Region“. Die regionale Zusammenarbeit im Rahmen des SUM erfolgt auf der Basis der Freiwilligkeit und des gegenseitigen Vertrauens und muss sich so unter dem Blickwinkel der Schaffung eines gemeinsamen Mehrwertes ständig bewähren. Dass der Wille zur regionalen Kooperation vorhanden ist, zeigt sich unter anderem am bisherigen Erfolg von VIA SUM:

## Kommunikationsinstrument VIA SUM: Der Weg entsteht im Gehen

Aus (mitunter leidvollen) Erfahrungen mit hitzigen und wenig produktiven, weil zu spät einsetzenden Diskussionen um Großprojekte in der Stadtregion heraus entstand im Ballungsraum das Bedürfnis nach rechtzeitiger Information der von einem Vorhaben mitbetroffenen Kommunen und nach geregelter Kommunikation. Gemeinsam mit zahlreichen Vertreterinnen und Vertretern der

Gebietskörperschaften des Ballungsraumes entwickelte das SUM (in Zusammenarbeit mit dem Büro *stadtland*) im Zeitraum Herbst 2007 bis Frühjahr 2008 das Kommunikationsinstrument VIA SUM, ein „Vorgehen zur Information und Abstimmung bei regional relevanten Projekten im Ballungsraum Wien".

VIA SUM bietet einen Rahmen für die geregelte Kommunikation zwischen den Gebietskörperschaften im Ballungsraum Wien in Fragen der Gemeinde- und Stadtentwicklung. Auf der Basis von VIA SUM informieren einander die Stadt Wien mit ihren Gemeindebezirken, das Land NÖ und die niederösterreichischen Umlandgemeinden gegenseitig und frühzeitig über raumrelevante Projekte in ihrem eigenen Wirkungsbereich.

VIA SUM wird dazu verwendet, die Zusammenarbeit mit den Nachbargemeinden zu stärken, Projekte abzustimmen und Synergien zu suchen und generiert mehrfachen Nutzen:

- Das Wissen um die Entwicklungsabsichten der jeweils anderen Gemeinden im Ballungsraum verbessert die Basis für eigene strategische Entscheidungen in der Gemeindeentwicklung.
- Das frühzeitige Erkennen und Entschärfen von Konfliktpotenzialen regional bedeutsamer Entwicklungsvorhaben erhöht die Effizienz und Sicherheit bei der Umsetzung von Vorhaben.
- Das Vermeiden von Reibungsverlusten im Spannungsfeld von Kooperation und Konkurrenz ist wichtig für den Erfolg des Ballungsraumes im Wettbewerb der europäischen Stadtregionen.

## VIA SUM als Service für Kommunen: Prinzipien, Trägerschaft und Wirkungsbereich

VIA SUM ist ein Dienstleistungsangebot der Länder Wien und Niederösterreich im Rahmen des gemeinsamen Stadt-Umland-Managements. Die Kommunikation in VIA SUM beruht auf den Prinzipien der Freiwilligkeit und des gegenseitiges Vertrauens. Sie dient ausdrücklich der Information und dem Dialog im Sinne einer lernenden Region. VIA SUM ist weder Behördenverfahren noch Entscheidungsinstanz und es bedarf auch keiner neuen Gremien.

Träger von VIA SUM sind die dafür legitimierten Akteure der Raumentwicklung im Stadt-Umland-Bereich: Politische Vertreter der Umlandgemeinden (als Träger der örtlichen Raumordnung) und der Wiener Stadtrandbezirke sowie die Experten der Planungsdienststellen der Wiener Stadtverwaltung und des Amtes der NÖ Landesregierung.

VIA SUM kommt generell in den Wiener Stadtrandbereichen und im Stadtumland zum Einsatz. Das jeweilige Wirkungsgebiet ist abhängig vom funktionalen Zusammenhang und der regionalen Tragweite des jeweiligen Projektes; die Wirkung muss dabei nicht landesgrenzenübergreifend sein.

## Ein Rahmen für den regionalen Dialog: VIA-SUM-Kommunikationsleitfaden

Im Kommunikationsleitfaden sind die die gemeinsam mit den Akteuren erarbeiteten Spielregeln der Kommunikation festgelegt. Sie sind streng genug formuliert, um für alle auf die VIA SUM kommenden Projekte einen gemeinsamen Rahmen zu ermöglichen, und elastisch genug, um die gebotene Flexibilität für unterschiedlichste Projekte in unterschiedlichster Dimension zu gewährleisten.

### Welche Projekte kommen auf die VIA SUM?

Projekte im eigenen Wirkungsbereich der jeweiligen Standortgemeinde, die möglicherweise über die Gemeindegrenze auf die regionale Raumstruktur wirken, sind potenzielle VIA-SUM-Projekte. Die inhaltliche Bandbreite ist groß: sie umfasst das Siedlungswesen (Wohnen, Betriebe), die Infrastruktur (sozial, technisch oder verkehrlich), Freizeit- und Erholung. Auch für hochrangige Infrastrukturprojekte auf Landes- oder Bundesebene kann VIA SUM als regionale Informationsschiene dienen.

### Wie kommen Projekte auf die VIA SUM?

Stadt, Gemeinde, Land, Investor, Projektwerber, Gesellschaften zur Betriebsansiedlung oder sonstige Organisationen präsentieren möglichst frühzeitig ihr Projekt oder ihre Projektidee. Erste Ansprechpartner dafür sind die SUM-Managerinnen und -Manager.

### Wann kommen Projekte auf die VIA SUM?

Der Zeitpunkt der Information und Konsultation ist abhängig von der Art des Projektes oder der Projektidee, daher gibt es kein striktes Regulativ. Eine möglichst frühzeitige Abstimmung regional relevanter Projekte mit betroffenen Nachbarn kann aber ein wesentlicher Erfolgsfaktor für das Projekt sein. Der Zeitpunkt wird grundsätzlich von der Standortgemeinde oder vom Projektwerber bestimmt, das SUM kann bei der Wahl des richtigen Zeitpunktes beratend beistehen.

### Aufwand nach Bedarf – unterschiedliche Stufen der Vertraulichkeit

VIA SUM folgt einer flexiblen Richtschnur zum Vorgehen und zur Kommunikation, die je nach Projektgröße und Projektausprägung unterschiedlich große Gesprächskreise möglich macht. Das Gespräch im *Kleinen Kreis* - die erste Stufe des VIA-SUM-Vorgehens – ist ein vertrauliches Gespräch. Darauf aufbauend kann der Kreis der Gesprächsteilnehmer gezielt erweitert werden. Unterschiedliche Stufen der Vertraulichkeit werden möglich.

Nicht alle Projekte in der Region müssen VIA SUM durchlaufen. Durch die Sichtung anhand der VIA-SUM-Checkliste und durch das Gespräch im *Kleinen Kreis* wird der Aufwand für VIA SUM gering gehalten. In vielen Fällen wird es nicht nötig sein, in größeren Gesprächsrunden oder in der Nachbarschaftsrunde zusammenzukommen. Bei einigen Projekten oder Projektideen kann z. B. eine kurze Information der Nachbargemeinden oder der Vertreter der NÖ Landesplanung (RU) bzw. der Wiener Stadtplanung (MA 18, MA 21) ausreichen.

Für die „lernende Region" macht es Sinn, im Rahmen dieser ersten Stufe eine möglichst große Bandbreite von Projekten oder Projektideen zu erfassen. Die Stadt-Umland-Manager können so ihre Funktion einer zentralen Informationsdrehscheibe für die Region besser wahrnehmen und Synergien und Kooperationen initiieren.

Für alle Schritte auf VIA SUM gilt: Ergebnisse und Aussagen des Dialoges haben Empfehlungscharakter. Entscheidungen über das weitere Vorgehen liegen allein bei den Standortgemeinden oder bei den Projektwerbern.

### Gespräch im „Kleinen Kreis"

Je nach Standort des Projektes oder der Projektidee führen die Stadt-Umland-Manager Nord oder Süd ein erstes Gespräch mit dem Bürgermeister oder der BürgermeisterIn der Standortgemeinde, dem Bezirksvorsteher oder der Bezirksvorsteherin des Standortbezirks oder dem Projektwerber.

Abbildung 1: Vorgehensskizze VIA SUM

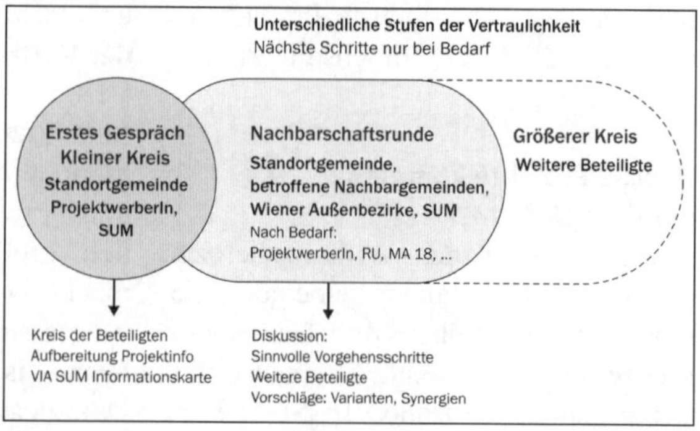


Quelle: stadtland

Es kann auch sinnvoll sein, schon beim Erstgespräch weitere Gesprächspartner beizuziehen. Wer an diesem Gespräch im kleinen Kreis teilnimmt, bestimmt letztlich die Standortgemeinde. Im kleinen Kreis wird (auch anhand des Hilfsmittels „VIA-SUM-Checkliste") geprüft, ob und inwieweit das Projekt regional relevant ist und ob eine weiterführende Kommunikation in VIA SUM im Rahmen einer „Nachbarschaftsrunde" sinnvoll ist.

### Abstimmung in der „Nachbarschaftsrunde"

Nachbarschaftsrunden finden anlassbezogen statt und werden vom SUM organisiert und moderiert. Wer daran teilnehmen soll, wurde im *Kleinen Kreis* festgelegt. Je nach Projekt/Projektidee wird sich der Kreis der Teilnehmer unterscheiden. Jedenfalls vertreten sind die Bürgermeister der Standortgemeinden oder die Bezirksvorsteher der Standortbezirke in Wien, die Bürgermeister bzw. Bezirksvorsteher potenziell betroffener nö. Gemeinden bzw. Wiener Außenbezirke sowie das SUM.

Nach Bedarf und abhängig von der regionalen Relevanz des Projektes/der Projektidee können zusätzliche Personen eingeladen werden, z. B. Projektwerber, Vertreter der NÖ Landesplanung (RU) und der Wiener Stadtplanung (MA 18, MA 21), Verkehrsunternehmen, Ortsplaner.

In Nachbarschaftsrunden wird detailliert über das Projekt informiert; im Dialog werden Interessen der Beteiligten erörtert und eventuelle Anpassungsvorschläge, Synergien und Konfliktpotenziale diskutiert. Bei Bedarf werden weitere Informationen eingeholt.

### Serviceleistungen des SUM

Die Stadt-Umland-Manager übernehmen bei VIA SUM die Funktion einer zentralen Drehscheibe und organisieren einen effizienten Ablauf auf der VIA SUM.

### Aus dem Werkzeugkoffer: VIA-SUM-Checkliste

Die VIA-SUM-Checkliste ist als Kommunikationsinstrument und als Hilfsmittel zur Versachlichung der Diskussion zu verstehen. Mit ihrer Hilfe werden Informationen zum Projekt/zur Projektidee gesammelt und – im Sinne einer lernenden Region – regionale Fragen ins Gespräch gebracht.

Mit der VIA-SUM-Checkliste können Gemeinden, Wiener Gemeindebezirke, Projektwerber und Stadt-

Umland-Manager eine erste Abschätzung der regionalen Relevanz von Projekten/Projektideen vornehmen. Bei dieser Abschätzung geht es aber ausschließlich um die bessere Information zu beabsichtigten Projekten/Projektideen aus der Region und nicht um die Feststellung einer Verträglichkeit oder Unverträglichkeit von Projekten/Projektideen. Die Checkliste baut bewusst auf einigen wenigen Indikatoren zur Beschreibung von Projekten auf. Sie erlaubt einen Überblick über die Dimension und die räumlichen Wirkungszusammenhänge sowie über den Abstimmungsbedarf und das eventuelle Konfliktpotenzial eines Projektes.

Abbildung 2: Serviceleistungen des SUM in VIA SUM

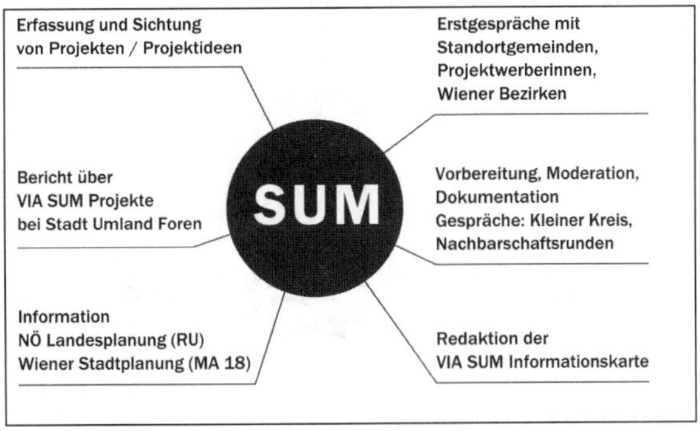


Quelle: stadtland

#### Überblick gewinnen: VIA-SUM-Online-Projektinformationssystem

Das VIA-SUM-Online-Informationssystem bietet eine Übersicht über regional relevante Projekte in Wien und im Stadtumland. Es wird im Rahmen des Stadt-Umland-Managements redaktionell nachgeführt und enthält neben einer Überblickskarte auch eine Datenbank mit einer Beschreibung der Projekte. Die VIA-SUM-Informationskarte ist ein Bestandteil von CentropeMAP, einem auf Internetbasis erstellten Rauminformationssystem für die Länder Wien, Niederösterreich, Burgenland und die angrenzenden tschechischen, slowakischen und ungarischen Regionen (im Auftrag der Planungsgemeinschaft Ost, www.centropemap.org).

Voraussetzung für die Nutzung des VIA-SUM-Informationssystems ist ein entsprechender Beschluss der Gemeinden zur Teilnahme an VIA SUM.

### VIA SUM in der Praxis: Mitwirkung und erste Erfahrungen

Die Grundidee von VIA SUM besteht darin, im Ballungsraum eine geordnete Kommunikation über Projekte mit weiträumiger Wirkung unter Wahrung der Gemeindeautonomie und des Prinzips der freiwilligen Mitwirkung zu etablieren. Im Entstehungsprozess von VIA SUM wurde deutlich, dass eine auch formale Verbindlichkeit für das Funktionieren in der Praxis notwendig ist. Die Gemeinden des Ballungsraumes, somit auch die Stadt Wien, wurden aufgefordert, in ihren jeweiligen Gremien die Teilnahme an VIA SUM zu diskutieren und zu beschließen. Mit Stand Herbst 2009 liegen bereits 45 vom jeweiligen Gemeinderat beschlossene Absichtserklärungen zur Mitwirkung an VIA SUM vor. Mitglieder sind die Stadt Wien ebenso wie die Mehrzahl der Städte im Umland und viele kleine Umlandgemeinden.

Seit der Etablierung von VIA SUM wurden einige Nachbarschaftsrunden installiert. Das Themenspektrum reicht von Zielgebieten der Wiener Stadtentwicklung (Seestadt Aspern, Brünner Straße) über Großprojekte (Krankenhaus Nord

Karte 3a: VIA-SUM-Grundlagenkarte, Teil 1

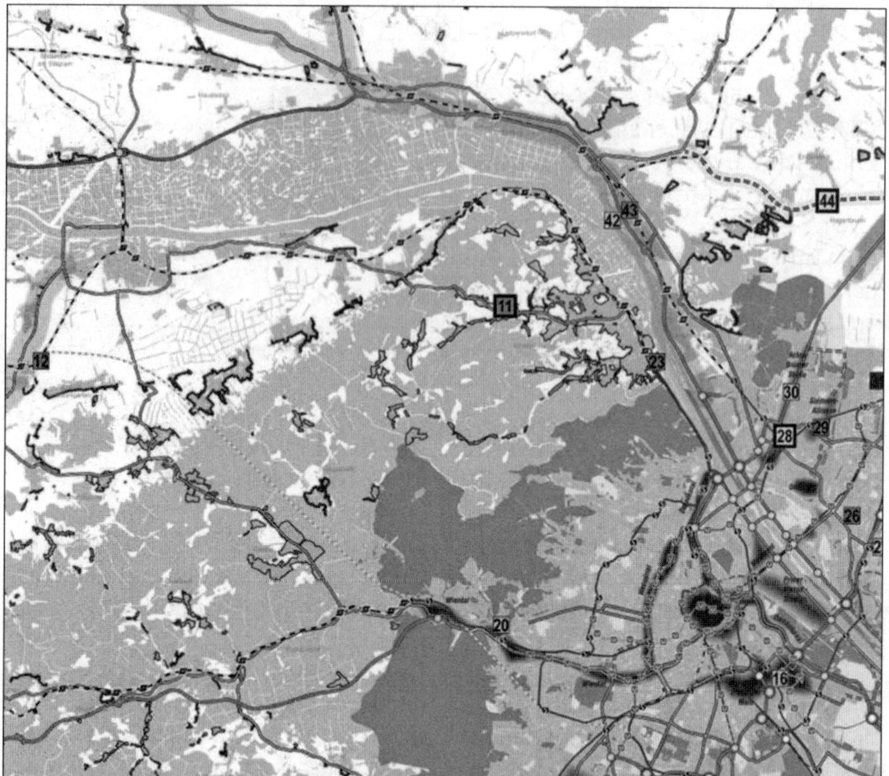


Quelle: SUM auf Grundlagen MA 18, NÖGIS

Karte 3b: VIA-SUM-Grundlagenkarte, Teil 2

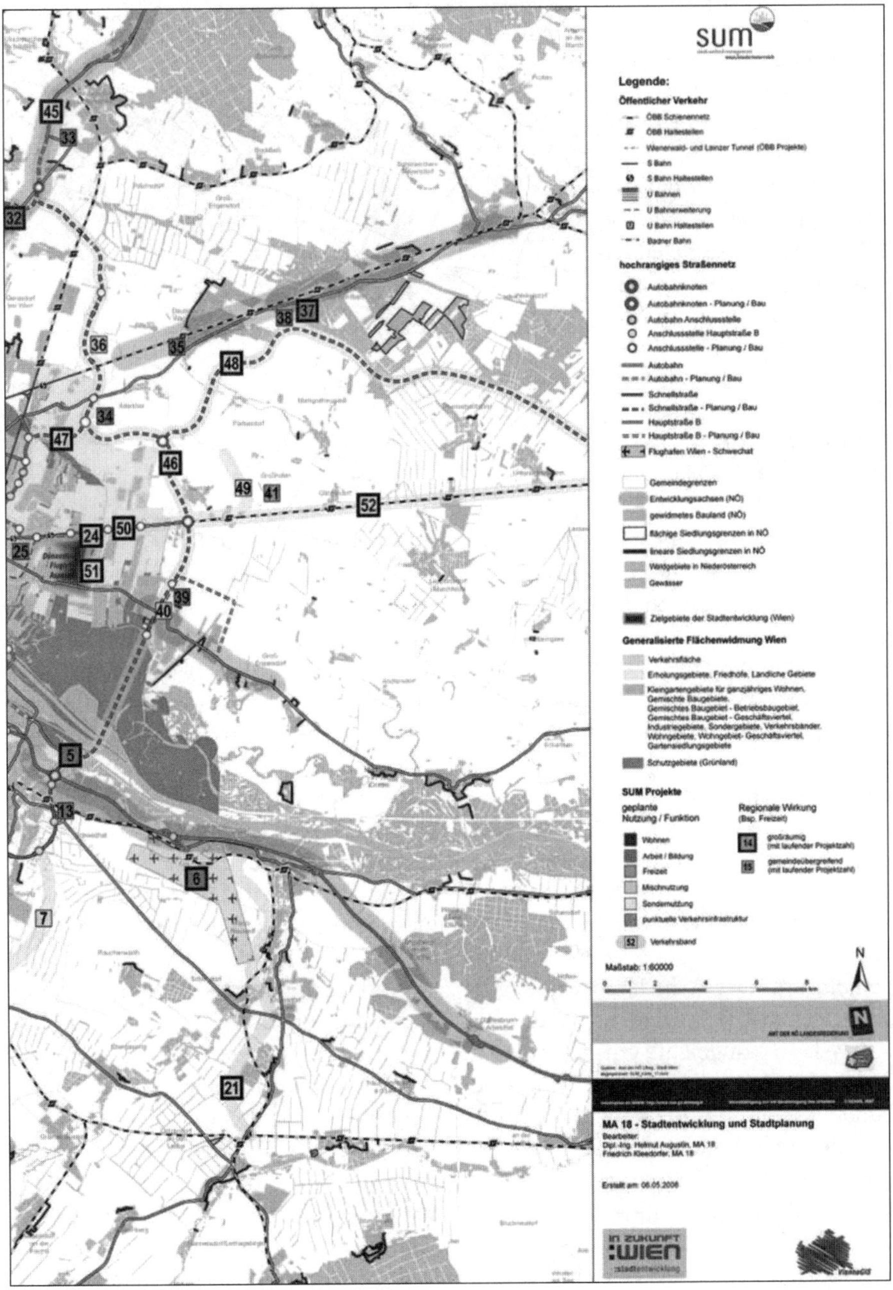


Quelle: SUM auf Grundlagen MA 18, NÖGIS

in Wien Floridsdorf, Therme Wien Neu Oberlaa, Einkaufszentrum Gerasdorf, Schulbauten im Nordosten Wiens) bis zu sensiblen Projekten im Nahbereich von Gemeindegrenzen (z. B. Nachnutzung Perlmooser-Areal in Kaltenleutgeben, LKW-Raststation Deutsch Wagram, Fachmarktzentrum Prager Straße in Wien Floridsdorf).

Abbildung 4: VIA-SUM-Online-Informationssystem (Ausschnitt)

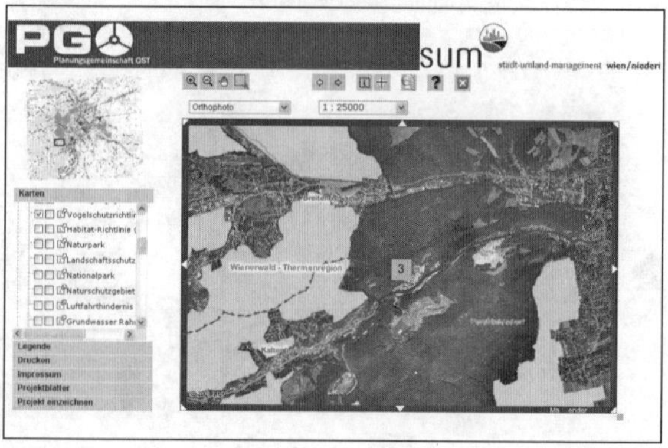


Quelle: SUM auf Grundlagen PGO, MA 18, NÖGIS

## Exkurs: Auf dem Weg zu VIA SUM

Die Einrichtung eines Stadt-Umland-Managements Wien/NÖ (SUM), die das Büro stadtland im Jahre 2004 begleiten durfte, war ein wichtiger Schritt zur Zusammenarbeit der Kernstadt Wien mit den Umlandgemeinden und dem Land Niederösterreich. Mit der VIA SUM stehen dem SUM nun weitere Werkzeuge zur Verbesserung der Zusammenarbeit zur Verfügung. Den Auftrag zur fachlichen Begleitung und Moderation des Erarbeitungsprozesses zur VIA SUM erteilten die Stadt Wien und das Land Niederösterreich gemeinsam. Der Arbeitsprozess wurde als „Bottom-Up-Prozess mit externem Know-How“ angelegt, um das Wissen der regionalen Akteure und Planer zu bündeln. Zentrales Element des in mehrere iterative Arbeitsschritte gegliederten Prozesses waren drei Arbeitstreffen mit hochkarätigen politischen Vertretern aus Wien und den angrenzenden niederösterreichischen Bezirken sowie Experten der Planungsabteilungen der Länder und der Gemeindeverwaltungen. Die aus den Arbeitstreffen abgeleiteten Vorschläge für VIA SUM wurden konkretisiert und mit der Projektsteuerung (SUM-Steuerungsgruppe) abgestimmt, um als Input für die weitere Bearbeitung im nächsten Workshop zu dienen. Zur Schärfung einzelner Vorgehenselemente wurden zusätzliche Arbeitsgespräche mit ausgewählten Bezirks- und Gemeindevertreterinnen und Gemeindevertretern geführt. Sämtliche Unterlagen und Zwischenergebnisse standen während der Projektlaufzeit auf der Website des SUM den Teilnehmern und der interessierten Öffentlichkeit zur Verfügung.

Großes Interesse erregten die beim ersten Arbeitstreffen vorgestellten Beispiele für Vorgehen zur Abstimmung von Projekten in Stadtregionen der Schweiz, Dänemarks und Deutschlands. Im Laufe des Prozesses wurde aber rasch klar, dass für Wien und sein Stadtumland ein Vorgehen zur Abstimmung maßgeschneidert werden muss. Anders als z. B. in deutschen oder Schweizer Regionen, die Verfahren zur Abstimmung von Projekten mit Fokus auf den regionalen Einzelhandel, meist als Instrumente konstituierter regionaler Gremien einrichteten

Abbildung 5: VIA-SUM-Mitglieder, Stand Herbst 2009

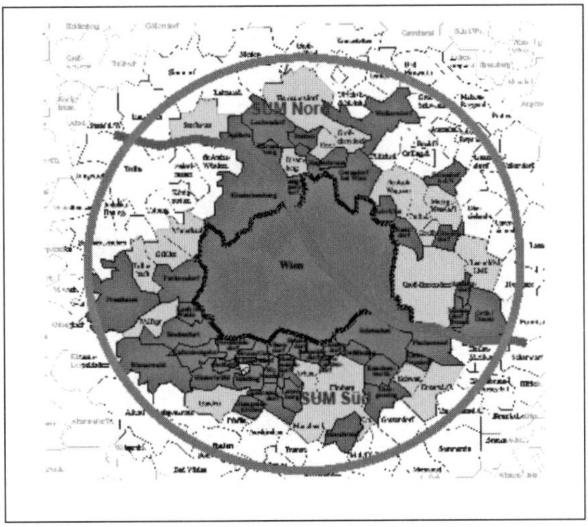

Quelle: SUM

und Verfahrensschritte in Geschäftsordnungen festlegten, konnte VIA SUM als flexibles Kommunikationsinstrument entwickelt werden, das auf ein breites Spektrum möglicher regional bedeutsamer Projekte anwendbar ist.

Die Disposition des Prozesses, in der nach Erarbeitung des Vorgehens auch die Begleitung konkreter Testläufe vorgesehen war, wurde an die Anforderungen der Diskussion angepasst. Bereits beim zweiten Arbeitstreffen wurde ein erster Praxistest anhand fiktiver Beispiele durchgeführt. Bei einem weiteren Workshop schärften die „Praktiker" aus dem Stadt-Umland Nord und Süd die Produkte von VIA SUM weiter. Dabei konnte bereits auf Erfahrungen aus laufenden Abstimmungsprozessen der Nachbargemeinden, der niederösterreichischen und Wiener Fachabteilungen sowie zwischen Wiener Bezirken zurückgegriffen werden. Im Rahmen des Workshops wurde auch die „Alltagstauglichkeit" von VIA SUM und seinen Elementen an einem laufenden Projekt demonstriert. In der regen Diskussion wurde deutlich, welchen Mehrwert das SUM mit seinem Überblick über regionale Entwicklungen und Projekte und als zentrale Informationsdrehscheibe für die Stadtregion hat.

Neben den Produkten aus dem Erarbeitungsprozess, dem Leitfaden, der Checkliste und der VIA-SUM-Grundlagenkarte kann der konstruktive Erstellungsprozess selbst als Produkt betrachtet werden. Mit der gegenseitigen Information und Vernetzung von Entscheidungsträgern aus der Region und Experten aus der planenden Verwaltung und der gemeinsamen Arbeit konnte ein Dialog ganz im Sinne einer *lernenden Region* angeregt werden.

# Standortsicherung für Betriebsanlagen aus raumordnungsrechtlicher Sicht[1]

Arthur Kanonier

## 1. Einleitung

Die Raumordnungsgesetze[2] beabsichtigen im Sinne einer „planmäßigen, vorausschauenden Gestaltung von Gebieten“ durch raumplanerische Maßnahmen (Nutzungs-)Konflikte zu minimieren sowie räumliche Entwicklungspotenziale zu sichern und bestmöglich zu nutzen. Betriebsanlagen stellen diesbezüglich wesentliche planerische Herausforderungen dar, zumal es einerseits gilt, geeignete Standorte zu sichern und in der Folge zu entwickeln bzw. andererseits aus Umwelt- oder Nachbarschutzgründen Betriebsansiedlungen zu beschränken. Die unterschiedlichen Interessenslagen und das differenzierte raumplanerische Instrumentarium lassen sich allein bei der Standortsicherung von Betriebsstandorten zeigen; die jeweiligen Maßnahmen stellen freilich nur einen Ausschnitt aus einem komplexen betrieblichen Projektentwicklungsprozess dar.

### 1.1 Betriebsstandorte als raumplanerisches Anliegen

Umsichtige Standortentscheidungen im Zusammenhang mit Betriebsanlagen zählen zu den planerischen Kernaufgaben.[3] So sind beispielsweise gemäß § 2 Abs. 1 Z 8 Ktn ROG die räumlichen Voraussetzungen für eine leistungsfähige Wirtschaft langfristig sowohl in zentralörtlichen wie in peripheren Bereichen unter Bedachtnahme auf die jeweils unterschiedlichen Gegebenheiten zu sichern und zu verbessern; dabei ist insbesondere auf die Standorterfordernisse für die Ansiedlung und Erweite-

1 Der Beitrag basiert auf Studien des Autors für die ÖROK, Räumliche Entwicklung in Stadtregionen, Handlungsbedarf und Steuerungsmöglichkeiten, 2009, sowie für die Vorarlberger Landesregierung, Regionale Betriebsgebiete – Maßnahmen zur Verbesserung der Verfügbarkeit von Bauland und Regionale Betriebsgebiete – Institutionen und Maßnahmen zur Entwicklung von Betriebsgebieten, beide 2008. Vgl. auch Kanonier, Raumordnungsrechtlicher Umgang mit Betriebsansiedlungen, 2009, S. 481 ff.

2 Burgenländisches Raumplanungsgesetz (Bgld RplG) idF LGBl für Bgld Nr. 23/07; Kärntner Raumordnungsgesetz (Ktn ROG) idF LGBl für Ktn Nr. 136/01; Kärntner Gemeindeplanungsgesetz (Ktn GplG) idF 88/05; NÖ Raumordnungsgesetz (NÖ ROG) idF LGBl für NÖ 8000-23 (17. Novelle); Oberösterreichisches Raumordnungsgesetz (Oö ROG) idF LGBl für Oö Nr. 1/07; Salzburger Raumordnungsgesetz 2009 (Slbg ROG) LGBl für Slbg Nr. 30/09; Steiermärkisches Raumordnungsgesetz 1974 (Stmk ROG) idF LGBl für die Stmk Nr. 89/08; Tiroler Raumordnungsgesetz (TROG) idF LGBl für Tirol Nr. 27/06; Vorarlberger Raumplanungsgesetz (Vlbg RplG) idF LGBl für Vlbg Nr. 35/08; Wiener Stadtentwicklungs-, Stadtplanungs- und Baugesetzbuch (Bauordnung) (WBO) idF LGBl für Wien Nr. 25/09.

3 Vgl. ÖROK, Österreichisches Raumentwicklungskonzept 2001, S. 62.

rung von Betrieben der Industrie und des Gewerbes, die künftige Verfügbarkeit von Roh- und Grundstoffen, die Arbeitsmarktsituation sowie auf die zu erwartenden Beeinträchtigungen benachbarter Siedlungsräume und der naturräumlichen Umwelt Bedacht zu nehmen. Die Raumordnungsgesetze legen im Zusammenhang mit Betriebsanlagen – vereinfacht und zusammengefasst – folgende Ziele fest:[4]

- Nutzungsvorrang und Standortsicherung von geeigneten Standorten für Betriebsanlagen,[5]
- Vermeidung von Nutzungskonflikten,
- spezielle Anforderungen für Betriebsanlagen, insbesondere hinsichtlich Umweltauswirkungen.

Aus den raumordnungsrechtlichen Grundsätzen und Zielen wird die besondere Bedeutung im Umgang mit Betriebsanlagen deutlich. Eine Bevorzugung von Betriebsansiedlungen bei allfälligen Standortentscheidungen gegenüber anderen nicht-betrieblichen Nutzungen ist allerdings aus den Zielen kaum und lediglich bei besonderen Standortvoraussetzungen ableitbar.

Die raumplanerischen Ziele werden durch hierarchisch abgestufte Planungsinstrumente auf überörtlicher und kommunaler Ebene umgesetzt. Die raumordnungsrechtliche Planungssystematik bestimmt als Maßnahmen für betriebliche Standortentscheidungen vor allem bodenbezogene Nutzungsregelungen, die insbesondere im kommunalen Flächenwidmungsplan festgelegt werden, dem überörtliche Planungsmaßnahmen sowie Festlegungen im örtlichen Entwicklungskonzept vorgelagert sind. Die parzellenscharfe Festlegung von Widmungsarten ist in der Regel Aufgabe der kommunalen Planungsbehörde, die diese Entscheidungen gemäß Art. 118 Abs. 3 Z 9 B-VG im eigenen Wirkungsbereich trifft.[6] Insbesondere bei Betriebsgebieten mit regionaler Bedeutung kommt freilich auch der überörtlichen Raumordnung – zunehmende – planerische Bedeutung zu.

Abhängig von den rechtlichen Vorgaben der Raumordnungsgesetze und der überörtlichen Raumplanung sowie den räumlichen Gegebenheiten im Zusammenspiel mit den gemeindlichen Planungsabsichten kann die kommunale Planungsbehörde ihre Entwicklungsmaßnahmen durch entsprechende Widmungsmöglichkeiten oder -beschränkungen für Betriebsanlagen treffen. Die diesbezüglichen Planungsmaßnahmen für Betriebsgebiete werden von den wirtschaftlichen Rahmenbedingungen abhängig sein – ob etwa eine Region bzw. Gemeinde wirtschaftlich wachsend, stagnierend oder abnehmend ist und welche Entwicklungen von den Planungsträgern beabsichtigt sind. Anzumerken ist dabei, dass die Interessen der Gemeinden an Industriegebietswidmungen (im Gegensatz zu Betriebsgebieten) teilwei-

4 *Kanonier*, Raumordnungsrechtlicher Umgang mit Betriebsansiedlungen, 2009, S. 485.

5 Die Standort- oder Trassenvorsorge für betriebsrelevante Infrastruktur wird in den raumordnungsgesetzlichen Zielen und Grundsätzen nur teilweise explizit festgelegt.

6 Die Zuweisung der örtlichen Raumplanung zum eigenen Wirkungsbereich der Gemeinden bedeutet, dass die Zuständigkeit zur Vollziehung aufgrund der verfassungsrechtlichen Bestimmungen von den Ländern auf die Gemeinden übergeht. Vgl. *Berger*, Netzwerk Raumplanung, 2008, S. 9.

se rückläufig sind, zumal aufgrund der beträchtlichen Umweltauflagen kaum noch entsprechende Standorte verfügbar sind und die Einschätzung besteht, dass die negativen Auswirkungen infolge von Immissionen allfällige positive Effekte überwiegen.[7]

Die Raumordnungsgesetze enthalten einerseits betriebstypische Widmungs- und Nutzungsarten wie Betriebs- oder Industriegebietswidmungen, die grundsätzlich die Erhaltung und die Entwicklung von betrieblichen Nutzungen fördern und dem raumordnungsrechtlichen Ziel der „Entwicklung der Wirtschaftsstruktur der Regionen"[8] entsprechen. Andererseits sehen die Raumordnungsgesetze bei den Widmungsdefinitionen und -kriterien Einschränkungen vor, die betriebliche Nutzungen einschränken bzw. untersagen. Spezifische Bau- und Grünlandwidmungen schließen etwa Betriebsanlagen – freilich mit Ausnahmen – aus.

## 1.2 Raumplanerische Ausprägungen von Betriebsanlagen

Die Maßnahmenvielfalt bezüglich Betriebsansiedlungen ist beachtlich und kann sowohl direkte als auch indirekte sowie betriebstypenspezifische Maßnahmen auf verschiedenen Ebenen umfassen. Die Begriffe „Betriebsanlagen" bzw. „Betriebsgebiete" umfassen aus raumordnungsrechtlicher Sicht ein breites Spektrum an möglichen Ausprägungen und Nutzungen.[9] So wird in den einzelnen Raumordnungsgesetzen unterschieden zwischen Industrie-, Gewerbe-, Betriebs- und Mischgebieten, die sich in der Regel auf Grund emissionsabhängiger Differenzierungen unterscheiden. Zusätzlich kann zwischen unterschiedlichen Betriebsformen aufgrund umwelt- (z. B. Regelungen im Zusammenhang mit der Umsetzung der Seveso-II-, IPPC-, UVP-, SUP-, Umgebungslärm-Richtlinie) oder gewerberechtlicher Vorgaben differenziert werden.[10] Betriebsgebiete stellen vereinfacht einen Überbegriff über arbeitsplatzstiftende Nutzungen überwiegend des sekundären Sektors[11] dar, die in der Umsetzung freilich erhebliche Differenzierungen erfahren können.

Im Zusammenhang mit dem planerischen Umgang mit Betriebsanlagen ist zu beachten, dass der planungsrechtlichen Sicherung von geeigneten Standorten wachsende Bedeutung zukommt, jedoch die widmungsrechtliche Festlegung von Betriebsgebieten allein nur einen (Teil-)Aspekt im Ansiedlungsprozess darstellt. Zusätzlich sind Maßnahmen(-bündel) erforderlich, um unter anderem folgende Ziele zu erreichen:[12]

7 *Kanonier*, Raumordnungsrechtlicher Umgang mit Betriebsansiedlungen, 2009, S. 487.

8 Vgl. ua. § 1 Abs. 1 Bgld RplG, § 1 Abs. 1 Ktn ROG, § 1 Abs. 1 Z 1 NÖ ROG oder § 2 Abs. 2 Z 1 Stmk ROG.

9 Vgl. *Kanonier*, Handlungsbereich Regionale Betriebsansiedlungen, 2009, S. 166.

10 Darüber hinaus kann der Betriebsgebiete-Begriff fallweise auch Sonderformen umfassen, etwa landwirtschaftliche Intensivbetriebe oder auch Einkaufszentren und Handelsbetriebe.

11 „Der Sekundärsektor umfasst das produzierende Gewerbe einer Volkswirtschaft." http://de.wikipedia.org/wiki/Wirtschaftssektor#Sekund.C3.A4rsektor_.28Industrieller_Sektor.29, 17.11.2009.

12 *Kanonier*, Raumordnungsrechtlicher Umgang mit Betriebsansiedlungen, 2009, S. 504 und 511.

- **Herstellung der Verfügbarkeit (Flächenmanagement)**
Allein die Widmung von Betriebsgebieten bewirkt noch nicht, dass Standorte auch tatsächlich widmungskonform verwendet werden Die Umsetzung der planungsrechtlichen Widmungsvorgaben erfolgt durch den Grundeigentümer, der den Zeitpunkt der widmungskonformen Verwendung seiner Liegenschaft selbstständig bestimmt, zumal mit der Widmung kein Realisierungsgebot verbunden ist. In der Praxis hat diese Rechtswirkung zur Folge, dass vielfach gewidmete Flächen längerfristig unbebaut bleiben und infolge fehlender Verkaufsbereitschaft nicht am Bodenmarkt zur Verfügung stehen. Somit sind hochwertige Betriebsstandorte mittels Widmungsfestlegungen zwar gesichert, jedoch können diese Flächen nicht für aktuelle Betriebsansiedlungen herangezogen werden, obwohl in vielen Fällen Nachfrage für solche Flächen besteht. In den letzen Jahren wurden vielfältige Maßnahmen gegen die Baulandhortung diskutiert und rechtlich verankert, um die Verfügbarkeit von potenziellen Betriebsstandorten zu verbessern.
- **Entwicklung und Vermarktung von Standorten**
Vielfach sind weitreichende Aktivitäten bei der Entwicklung und Vermarktung potenzieller Standorte erforderlich, um tatsächlich Betriebsansiedlungen zu erwirken, wobei in Regionen mit eingeschränkter betrieblicher Nachfrage umfangreiche Maßnahmen notwendig sind. Diesbezüglich haben Gemeinden nur eingeschränkte Möglichkeiten zu entsprechenden Maßnahmen, zumal meist eine regionale Positionierung sowie vielfältige Maßnahmen aufeinander abzustimmen sowie beträchtliches Kapital und spezifische Organisationsstrukturen erforderlich sind. Hoheitliche Planungsfestlegungen werden erweitert um Aspekte der Sicherung von Verfügungsrechten von potenziellen Liegenschaften sowie um Vermarktungs- und Standortentwicklungsmaßnahmen.
Im Unterschied zu den wachstumsorientierten Neuwidmungen kommen in der Praxis verstärkt Maßnahmen zur Anwendung, die sich mit schrumpfender Nachfrage beschäftigen und Lösungskonzepte etwa im Umgang mit Industrie- und Betriebsbrachen bieten.

Neben den vielfältigen Auswirkungen, die aus den unterschiedlichen Betriebstypen resultieren, sind aus raumplanerischer Sicht spezifische Standortanforderungen von Betrieben zu beachten, die oftmals Voraussetzung für Betriebsansiedlungen darstellen. So stellen etwa Betriebsanlagen besondere Anforderungen an die technische Infrastruktur, wobei die infrastrukturelle Ausstattung eines Standortes bzw. einer Region ein zentrales Eignungskriterium bildet. Hochwertige Verkehrsanbindungen und ausreichend dimensionierten Ver- und Entsorgungssysteme können wesentliche Voraussetzungen für den Weiterbestand und die Entwicklung von Betriebsstandorten sein. Entsprechende infrastrukturelle Planungen und Festlegungen fallen freilich vielfach nicht in die Zuständigkeit der Raumplanungsträger, sondern werden durch spezifische Materiengesetze geregelt.

## 2. Verfassungsrechtliche Rahmenbedingungen

Im Unterschied zu den Fachmaterien des Bundes wird die Raumordnung in Österreich als Querschnittsmaterie angesehen. Die nunmehr über 50 Jahre gültige Kompetenzverteilung in Angelegenheiten der Raumordnung in Österreich ist – wenig überraschend – in den letzten Jahren unverändert geblieben. Der VfGH hat in seinem Kompetenzfeststellungserkenntnis aus dem Jahr 1954[13] in einem Rechtsatz festgehalten, dass Raumordnung insoweit Landessache ist, als nicht einzelne dieser planenden Maßnahmen der Gesetzgebung oder auch der Vollziehung des Bundes ausdrücklich vorbehalten sind. Raumordnung ist demnach „keine für sich bestehende Verwaltungsmaterie", sondern ein Bündel von Planungsbefugnissen mit Kompetenztatbeständen für Fachplanungen auf Bundesebene sowie einer generellen Raumordnungszuständigkeit auf Länderebene. Raumordnung ist somit insoweit Landessache, als nicht einzelne dieser planenden Maßnahmen der Gesetzgebung oder der Vollziehung dem Bund ausdrücklich vorbehalten sind.

Für die Zuständigkeit für Gewerbe- und Industrieanlagen ist grundsätzlich Art. 10 Abs. 1 Z 8 B-VG relevant, wonach „Angelegenheiten des Gewerbes und der Industrie" Bundessache in Gesetzgebung und Vollziehung sind. Dieser Kompetenztatbestand rechtfertigt freilich unmittelbar keine raumplanerischen Befugnisse hoheitlicher Art des Bundes und auch keine bundesweite Zuständigkeit zur Beschränkung der kommunalen Raumordnungshoheit der Gemeinden bei Planungen für Betriebsanlagen.[14] Die Kompetenz zur Planung von Standorten für Betriebsanlagen steht grundsätzlich den Ländern zu.

Das Planungsermessen der raumplanerischen Entscheidungsträger hinsichtlich Betriebsanlagen kann je nach rechtlichen Rahmenbedingungen unterschiedlich sein. So wird etwa durch Bundesmaterien wie Eisenbahnrecht, Bundesstraßengesetz, Luftfahrtrecht oder Starkstromwegerecht der Planungsspielraum für Gemeinden insbesondere bezüglich betriebsrelevanten Infrastrukturen weitgehend eingeschränkt bzw. beseitigt sein.

Die Kompetenzverteilungssystematik bewirkt eine erhebliche Zersplitterung und Unübersichtlichkeit bei Planungsaufgaben – auch bezüglich Betriebsanlagen. Auch wenn sich die einzelnen Regierungsprogramme[15] beharrlich dem Thema Staats- bzw. Verwaltungsreform widmen, sind bislang – noch beharrlicher – Lösungsansätze für eine Neuordnung der Zuständigkeiten gescheitert.

13 VfSlg 2674/1954.

14 Vgl. *Hauer*, Grundbergriffe und verfassungsrechtliche Vorgaben, 2006, S. 8.

15 Im Regierungsprogramm der Bundesregierung für die XXIII. Gesetzgebungsperiode wird etwa der Staats- und Verwaltungsreform eine hohe Priorität eingeräumt, die auf der Grundlage der Arbeiten des Österreich-Konvents erfolgen soll. Das Regierungsprogramm 2008–2013 enthält im Kapitel „Infrastruktur-Verkehr–3.2. Raumordnung" folgende Aussage: „Derzeit bestehen auf Grund unterschiedlicher landesspezifischer Raumordnungsgesetze Potenziale für Vereinfachungen ..., die im Sinne einer effizienten, kostensparenden Verwaltung genützt werden sollten."

## 3. Industrie- und gewerberelevante Vorgaben von Fachmaterien

Die kompetenzrechtliche Aufgabenzuordnung im Zusammenhang mit Betriebsanlagen ist insbesondere für gewerbe- und industrierelevante Infrastrukturen bedeutend, da diese überwiegend nicht in die Raumplanungskompetenz der Länder, sondern vielfach in Bundeszuständigkeiten fallen. Dem Bund sind Fachplanungskompetenzen unter anderem in folgenden Bereichen übertragen:

- **Überörtliches Straßenwesen**: Die verfassungsrechtlichen Kompetenzen in Straßenangelegenheiten sind zwischen Bund und Ländern geteilt.[16] Zentrales Kriterium für die Kompetenzverteilung im Straßenwesen ist die funktionelle Untergliederung der Straßen nach ihrer Bedeutung für den Durchzugsverkehr. Zuständig für raumplanerische Maßnahmen bei Straßen ist jeweils der aufgrund der Kompetenzverteilung zuständige Fachplanungsträger – entweder der Bund für die Bundesstraßen oder die Länder für Landesstraßen.[17] Angelegenheiten der wegen ihrer Bedeutung für den Durchzugsverkehr zu Bundesstraßen erklärten Straßen sind gemäß Art 10 Abs. 1 Z 9 B-VG Bundessache in Gesetzgebung und Vollziehung. Andere Straßen fallen in die Zuständigkeit der Länder, wobei auch die ehemaligen Bundesstraßen B nunmehr durch das Bundesstraßen-Übernahmegesetz 2002 in Länderkompetenz sind.
  Der zuständige Bundesminister hat nach § 4 Abs. 1 Bundesstraßengesetz den Straßenverlauf auf Grundlage eines konkreten Projektes durch Bescheid zu bestimmen, der gemäß § 15 Abs. 1 BStG ein Bauverbot bewirkt.
  Zur Sicherung des Baues einer Bundesstraße kann gemäß § 14 Abs. 1 BStG der Bundesminister – auch vor Bestimmung des Straßenverlaufes – das in einem Lageplan bezeichnete Gelände, das für die spätere Führung der Bundesstraße in Betracht kommt, durch Verordnung zum Bundesstraßenplanungsgebiet erklären. Die Verordnung bewirkt eine Bausperre von fünf Jahren.
  Für alle übrigen Straßen, Landesstraßen im Sinne des Art. 15 B-VG, erfolgt die hoheitliche Vollziehung in unmittelbarer Landesverwaltung.
- **Eisenbahnanlagen**: Das „Verkehrswesen bezüglich Eisenbahnen" fällt gemäß Art 10 Abs. 1 Z 9 B-VG in Gesetzgebung und Vollziehung in die Zuständigkeit des Bundes. Diese Kompetenzzuweisung ermächtigt den Bund auch zur hoheitlichen Raumplanung in Eisenbahnangelegenheiten. Bemerkenswert ist freilich, dass raumordnungsrechtliche Bestimmungen des Bundes bezüglich Eisenbahnen im Eisenbahngesetz (EisbG) fehlen.[18] Das EisbG ermächtigt die Hoheitsverwaltung nicht zu generellen planerischen Festlegungen (in Form von Verordnungen), sondern das Gesetz sieht (lediglich) gemäß § 31 EisbG Baugenehmigungen in Bescheidform vor, die für den Bau und Betrieb von Eisenbahnen zu erwirken sind.

---

16 *Mayrhofer*, Bundes- und Landesstraßenplanungsrecht, 2006, S. 318.

17 *Berger*, Netzwerk Raumplanung, 2008, S. 15.

18 *Berger*, Netzwerk Raumplanung, 2008, S. 34.

Durch das Hochleistungsstreckengesetz wird nunmehr das EisbG um Instrumente zur Sicherung des künftigen Trassenverlaufs ergänzt.[19] So kann etwa nach § 1 Abs. 1 Hochleistungsstreckengesetz die Bundesbehörde durch Verordnung (Hochleistungsstreckenverordnung) bestehende oder geplante Eisenbahnen (Strecken einschließlich der notwendigen Eisenbahnanlagen) zu Hochleistungsstrecken erklären.

- **Luftfahrt**: Durch die Festlegung von Flugplätzen sowie die Bestimmung von Schutz- und Sicherungsbereichen werden weitreichende bodenbezogene Nutzungsfestlegungen und -beschränkungen durch das – nach Art. 10 Abs. 1 Z 9 B-VG in die Bundeszuständigkeit fallende – Luftfahrtgesetz bestimmt. Die Anforderungen an die einzelnen Arten von Zivilflugplätzen sind im Hinblick auf den Betriebsumfang in der Zivilflugplatz-Verordnung geregelt, die vom zuständigen Bundesminister erlassen wird. Zur Erteilung der erforderlichen Zivilflugplatz-Bewilligung ist nach § 68 Luftfahrtgesetz bei Flughäfen der zuständige Bundesminister, bei Flugfeldern die Bezirksverwaltungsbehörde zuständig. Länder und Gemeinden haben bei der Errichtung eines Flugplatzes lediglich die Möglichkeit zur Stellungnahme.
- **Starkstromanlagen**: Grundsätzlich ist zunächst zwischen Stromleitungen sowie Anlagen zur Stromerzeugung zu unterscheiden. Aufgrund der kompetenzrechtlichen Situation – Art. 10 Abs. 1 Z 10 B-VG – fällt das Starkstromwegerecht, soweit sich die Leitungsanlagen auf zwei oder mehr Bundesländer erstrecken, in Gesetzgebung und Vollziehung dem Bund zu und wird durch das Starkstromwegegesetz (einfach-)gesetzlich geregelt. Starkstromwege innerhalb eines Bundeslandes unterliegen nach Art 12 Abs. 1 Z 5 B-VG der Grundsatzgesetzgebungskompetenz des Bundes (vgl. Bundesgesetz über elektrische Leitungsanlagen) und der Ausführungsgesetzgebung und Vollziehung durch die Länder.
  Keines dieser Gesetze enthält spezifische raumplanerische Maßnahmen für Starkstromanlagen.[20] Die raumordnungsrechtlichen Regelungen dieser Gesetze beschränken sich darauf, für (private) Planungen Genehmigungen im Einzelfall vorzusehen. Sie bestimmen die Voraussetzungen für die Bewilligung des Baus und Betriebs von elektrischen Leitungsanlagen, nicht jedoch für konzeptive Planungen.
  Durch das Bundes-Elektrizitätswirtschafts- und -organisationsgesetz sowie den entsprechenden Ausführungsbestimmungen der Bundesländer werden die Errichtung und Erweiterung von Stromerzeugungsanlagen geregelt, die im Einzelfall eine elektrizitätswirtschaftliche Bewilligung (Errichtungsgenehmigung und Betriebsbewilligung nach § 12) benötigen.
- **Gasleitungen**: Die öffentliche Versorgung mit Energie in Form von Gas wird grundsätzlich unter dem Kompetenztatbestand Art 10 Abs. 1 Z 8 B-VG „Angelegenheiten des Gewerbes und Industrie“ subsumiert – somit fallen die öffentliche Gasversorgung, die Errichtung und Änderung

19 *Hauer*, Eisenbahnwegeplanung, 2006, S. 362.

20 *Berger*, Netzwerk Raumplanung, 2008, S. 45.

von Gasanlagen grundsätzlich in Gesetzgebung und Vollziehung in Bundeskompetenz. Durch das Gaswirtschaftsgesetz werden unter anderem die Vorschriften für die Bewilligung von Erdgasleitungsanlagen bestimmt. Das Gaswirtschaftsgesetz enthält insbesondere mit den Bestimmungen für Regelzonen die Verpflichtung für langfristige Planungen, allerdings nicht ausdrücklich für Standort bzw. Bodennutzungsfestlegungen.

In Summe lässt sich festhalten, dass für die bodennutzungsbezogene Planung von Infrastruktureinrichtungen vielfach der Bund zuständig ist. So fällt die Planung und Bewilligung hochrangiger infrastruktureller Einrichtungen, wie Bundesstraßen, Eisenbahnen und Bahnhöfe, Flugplätze usw., nicht in die Raumplanungskompetenz der Länder. Der Bund ist zum Erlass raumordnerischer Maßnahmen bei der Regelung der jeweiligen Materien zuständig, wobei freilich nicht in allen relevanten Bundesgesetzen umfassende konzeptive Planungspflichten oder -instrumente festgelegt sind. Teilweise wird auf raumplanerische Maßnahmen, durch die geeignete Standorte und Trassen planerisch bestimmt werden, verzichtet und werden lediglich Projektgenehmigungen geregelt.

Allfällige Planungsmaßnahmen aufgrund dieser Bundesmaterien sind – wenn diese verbindlich festgelegt werden – grundsätzlich von den Raumplanungsbehörden zu übernehmen und gehen raumplanerischen Nutzungsfestlegungen vor. Die jeweiligen Fachbehörden können somit aufgrund der Bundesgesetze (teilweise) Standort- und Nutzungsentscheidungen (für infrastrukturelle Anlagen) treffen, die die Länder in überörtliche Raumpläne und die Gemeinden in ihre Flächenwidmungspläne zu übernehmen haben. Der Planungsspielraum der Raumplanungsbehörden bezüglich dieser Vorgaben ist weitgehend beseitigt.

Die Gemeinden können durch entsprechende Festlegungen in örtlichen Raumplänen, insbesondere im Flächenwidmungsplan, Standorte oder Trassen für künftige Infrastruktureinrichtungen freihalten. Die aufgrund der Materiengesetze zuständigen Bundes- und Landesbehörden sind durch solche Festlegungen der örtlichen Raumplanung aber nicht gebunden.

## 4. Überörtliche Raumplanung

Der überörtlichen Raumplanung ist bei planerischen Vorgaben für Betriebsansiedlungen besondere Bedeutung beizumessen, da Gewerbe- und Industrieanlagen sowie entsprechende Infrastrukturanlagen in der Regel Anforderungen bzw. Auswirkungen haben, die über die Grenzen der jeweiligen Standortgemeinden hinausreichen. Allein Planungsmaßnahmen der örtlichen Raumplanung sind vor allem für regionale Betriebsgebiete, die durch ihre Größe, Funktion oder Standorterfordernisse gemeindeübergreifende Anforderungen bzw. Auswirkungen haben, unzureichend.

Überörtliche Planungsfestlegungen können gemeindliche Widmungsentscheidungen einschränken und damit erheblichen Einfluss auf Standortentscheidungen für regionale Betriebsansiedlungen haben. Die Einschränkung der örtlichen Planungshoheit durch überörtliche Raumordnungsprogramme ist unter Beachtung des eigenen Wirkungsbereiches der Gemeinden in Angelegenheiten der örtlichen Raumplanung zulässig, wenn überörtliche

Interessen eindeutig überwiegen. Der Nachweis einer Dominanz überörtlicher Interessen der Landesplanung ist bei Betriebsgebieten möglich für[21]

- *spezifische Betriebstypen aufgrund ihrer überörtlichen Auswirkungen*: So kann – neben EKZ-Regelungen – etwa die Verwendung von Flächen für Seveso-II-Betriebe an eine bescheidmäßige Genehmigung der Landesregierung geknüpft werden;
- *überörtlich relevante Standorte*: In überörtlichen Raumplänen kann für spezifische Standorte ein Nutzungsvorrang festgelegt werden, wenn überörtliche Interessen dominieren, was sowohl für Betriebsstandorte als auch für Baulandverbote je nach räumlichen Gegebenheiten möglich ist.

Träger der überörtlichen Raumplanung ist in der Regel die Landesregierung, die durch Verordnungen überörtliche Raumpläne aufzustellen hat.[22] Für die überörtliche Raumplanung sind mehrere Planungsarten vorgehen, die landesweite, regionale oder sektorale Ziele und Maßnahmen enthalten können. Die Landesregierung hat etwa gemäß § 8 Abs. 1 Slbg ROG 2009 durch Verordnung Entwicklungsprogramme für verbindlich zu erklären, die für das gesamte Land als Landesentwicklungsprogramm, für das gesamte Land oder für Landesteile als Sachprogramme oder für einzelne Planungsregionen als Regionalprogramme Geltung haben.

Auffällig bezüglich der Standortsicherung für betriebliche Nutzungen sind die unterschiedlichen Regelungsdichten in den überörtlichen Raumplänen der Länder. Während einerseits – wenn überhaupt überörtliche Raumpläne erstellt wurden – das Abstraktionsniveau der Ziele und Maßnahmen hoch und somit die Steuerungswirkung tendenziell reduziert ist, bestimmen andere Bundesländer detaillierte raumplanerische Vorgaben bezüglich Betriebsstandorten. Überörtliche Festlegungen für Betriebsansiedlungen werden insbesondere in Salzburg vergleichsweise umfangreich getroffen.

Das Slbg Landesentwicklungsprogramm aus 2003 gibt im Kapitel Standortsicherung und Betriebsansiedlung (D 1.) unter anderem standortbezogene Ziele vor, an die betriebsspezifische Maßnahmen mit den jeweiligen Maßnahmenträgern anknüpfen:

- Betriebsstandorte von überörtlicher Bedeutung sollen bevorzugt an solchen Standorten ausgewiesen werden, die auf Grund nachvollziehbarer Beurteilungen als geeignete Standorte erkannt werden.
- Notwendige Erweiterungsflächen für Industrie und Gewerbe sind zur Verhinderung von Konflikten mit anderen Nutzungen zu sichern.
- Eine Entwicklung von Betriebsstandorten mit überörtlicher Bedeutung bzw. die Schaffung größerer Arbeitsplatzkonzentrationen soll insbesondere dort erfolgen, wo dies entsprechend dem wirtschaftlichen Bedarf zu einer Verbesserung der regionalen Entwicklung dient.
- Standortentscheidungen sollen durch eine vorausschauende Liegenschaftspolitik unter Berücksichtigung einer sinnvollen Anordnung und Abgrenzung der Grundflächen optimiert werden.

21 *Kanonier*, Raumordnungsrechtlicher Umgang mit Betriebsansiedlungen, 2009, S. 488.

22 Vgl. *Lienbacher*, Raumordnungsrecht, 2008, S. 373.

Seit 1. 3. 2009 ist in Salzburg das neue Sachprogramm „Standortentwicklung für Wohnen und Arbeiten im Salzburger Zentralraum“ in Kraft, das neben einem umfangreichen Zielkatalog spezifische Maßnahmen (Punkt 3.4.2.) enthält wie „Die Ausweisung von Flächen zur Ansiedlung größerer Arbeitsplatzpotenziale soll an Standorten erfolgen, die mit einem leistungsfähigen öffentlichen Verkehrsmittel erschlossen sind und eine konfliktfreie Bedienung im Wirtschaftsverkehr ermöglichen.“ oder „An geeigneten Standorten mit der Möglichkeit eines Schienenanschlusses sollen große, zusammenhängende Flächen für Betriebsstandorte von überörtlicher Bedeutung gesichert werden (Gewerbezonen).“ Planungsrechtlich bedeutend sind die für die Ausweisung von Bauland im Bereich von Gewerbezonen bestimmten Voraussetzungen wie die Pflicht für die Erstellung eines Gesamterschließungskonzeptes als Grundlage für weitere Planungen. Als Maßnahmen zur Förderung der Kooperation der Gemeinden bei Betriebsansiedlungen von überörtlicher Bedeutung sieht das Sachprogramm vor, dass bei bestimmten Standorten Flächen nur bei Abschluss einer interkommunalen Kooperation als Bauland ausgewiesen werden können (Punkt 3.4.2.).

Auch auf regionaler Ebene – in Salzburg sind Regionalverbände für die Regionalplanung zusammen mit dem Land zuständig[23] – enthalten überörtliche Raumpläne verbindliche Festlegungen für Betriebsgebiete. In den jeweiligen Regionalprogrammen werden Widmungsbeschränkungen für die örtliche Raumplanung mit regionalen Differenzierungen festgelegt. So enthält das Regionalprogramm Flachgau-Nord[24] als Festlegungen regionale Vorrangbereiche für künftige betriebliche Nutzungen, für deren Festlegung spezifische Kriterien bestimmt werden. Zusätzlich werden als Empfehlungen unter anderem die Möglichkeiten einer gemeinsamen hochwertigen Standortentwicklung und Standortvermarktung, die Ausarbeitung einer gemeinsamen Standortmarketing- bzw. Regionsmarketingstrategie, der Ausbau des Informationstransfers und der Betriebsberatung angeführt.[25]

In der Steiermark enthalten vor allem regionale Entwicklungsprogramme, die für das Bundesland flächendeckend vorliegen, umfangreiche Festlegungen für Betriebsgebiete. Je nach regionsspezifischen Gegebenheiten und Prioritätensetzungen werden betriebsspezifische Ziele und Maßnahmen festgelegt. So werden unter anderem Vorrangzonen für Industrie und Gewerbe verordnet und planlich festgelegt, die dahingehend Rechtswirkung entfalten, als sie – einschließlich der erforderlichen Abstandsflächen – von Widmungs- und Nutzungsarten, welche die Realisierung einer industriell/gewerblichen Nutzung verhindern, freizuhalten sind.

Verbindliche Festlegungen von Betriebsgebiete in überörtlichen Raumplänen haben einerseits den Vorteil, dass diese Standorte grundsätzlich für betriebliche Nutzungen reserviert sind. Es zeigt sich andererseits freilich auch, dass rechtswirksame Festlegungen in der Umsetzung nur erfolgreich sind, wenn

---

23 Die Regionalverbände stellen eine eigenständige Planungsebene zwischen Landes- und Gemeindeplanung dar. Die Ausarbeitung der Regionalprogramme erfolgt durch die Regionalverbände, in der Folge von der Landesregierung begutachtet und verordnet werden.

24 LGBl. für Slbg Nr. 61/2009.

25 *SIR*, Regionalprogramm Flachgau Nord, Teil 2, 2009, S. 19.

bodenpolitische Begleitmaßnahmen erfolgen. Wurden beispielsweise die bodenrechtlichen Verfügungsrechte nicht vor der Nutzungsfestlegung gesichert, kann ein Steigen der Bodenpreise eintreten, was die Ansiedlung von Betrieben an gewünschten Standorten erschweren kann. So besteht in den meisten Gewerbezonen in Salzburg, die aus raumplanerischer Sicht für Betriebsansiedlungen besonders geeignet und gesichert sind, noch erhebliches Entwicklungspotenzial. Die teilweise fehlende Nachfrage nach hochwertigen gewidmeten Gewerbestandorten wird seitens der Landesplanung unter anderem damit begründet, dass potenzielle Investoren vereinzelt aus Kostengründen Standorte mit Grünlandwidmungen bevorzugen, wobei die erforderliche Umwidmung erst nach Ankauf erfolgen soll.[26]

Grundsätzlich wird durch verbindliche Standortfestlegungen in überörtlichen Raumplänen die betriebliche Nutzung abgesichert und damit die Rechtssicherheit für die Betroffenen erhöht, was bei Standortentscheidungen durchaus positiv gesehen wird. Freilich gelingt es nur teilweise, bei überörtlichen Nutzungsfestlegungen alle relevanten Standortkriterien zu berücksichtigen. Insbesondere umweltrechtliche Vorgaben (etwa durch SUP- und Umgebungslärmrichtlinie sowie IPPC-Richtlinien) können vielfach erst anlass- und projektbezogen beurteilt werden. Die verbindliche Festlegung von potenziellen Eignungsflächen in einem überörtlichen Raumplan bietet somit einen planerischen Rahmen, kann allerdings ohne detaillierte und rechtlich haltbare Standortbeurteilung, ohne Abstimmung mit den Standortgemeinden und ohne Sicherung der Verfügungsrechte in der Umsetzung erhebliche Probleme verursachen.

In der überörtlichen Raumplanung verdeutlicht sich ein Trend zu Leitbildern und Konzepten, durch die langfristige Orientierungen für Siedlungs- sowie Freiraumentwicklungen vorgegeben werden. Besondere Bedeutung hat dabei der Prozess an sich, wobei in der Regel eine Vielzahl von Akteuren und Institutionen in die Diskussion und die Entscheidungsfindung eingebunden sind. So wurde in Tirol der Raumordnungsplan „ZukunftsRaum“ 2007 von der Landesregierung beschlossen,[27] der ein strategisches Leitbild für Landesentwicklung darstellt. Der Raumordnungsplan enthält Grundprinzipien für die künftige Landesentwicklung sowie thematische Schwerpunkte (auch) für Industrie und Gewerbe. Als kurzfristige Maßnahmen werden zum Punkt „Wirtschaftstandort“ (2.2.) unter anderem die Entwicklung und Ansiedlung zukunftsorientierter Betriebe, entsprechende Flächensicherung sowie die Entwicklung regionaler Gewerbegebiete angeführt. Auch wenn die Inhalte noch zu konkretisieren sein werden und wohl auch in verbindliche Festlegungen münden müssen, ist das bisherige Zusammenführen der vielfältigen Interessen und das Entwickeln von Leitbildern mit entsprechenden Zielen und vielfältigen Maßnahmen in den beiden Projekten ein wichtiger Schritt bezüglich kooperativer Siedlungsentwicklung.

26 *Kanonier*, Raumordnungsrechtlicher Umgang mit Betriebsansiedlungen, 2009, S. 491.

27 Vgl. http://www.tirol.gv.at/themen/landesentwicklung/zukunftsraum/inhalte, 18.11.2009.

## 5. Örtliche Raumplanung

Der örtlichen Planungsebene kommt bei der Steuerung der Siedlungsentwicklung wesentliche Bedeutung zu. Neben dem Flächenwidmungsplan kann auch das hierarchisch vorgelagerte örtliche Entwicklungskonzept sowie der liegenschafts- und projektbezogene Bebauungsplan Aussagen für Betriebsansiedlungen enthalten.

### 5.1 Örtliches Entwicklungskonzept

Das örtliche Entwicklungskonzept, das in unterschiedlicher Form in allen Bundesländern vorgesehen ist, hat die Aufgabe, einen Orientierungs- und Handlungsrahmen mit einem längerfristigen Zeithorizont für die Gemeindeplanung zu bilden, wobei die angestrebten Ziele der Gemeindeplanung und die erforderlichen Maßnahmen zu bezeichnen sind.[28] Nach § 21 Abs. 1 Stmk ROG hat beispielsweise jede Gemeinde ein örtliches Entwicklungskonzept zu erstellen, das die langfristigen Entwicklungsziele und die entsprechenden Maßnahmen festzulegen hat.

Die gesetzlichen Regelungen für örtliche Entwicklungskonzepte enthalten unterschiedliche Bestimmungen für betriebliche Nutzungen. Die Gemeinden sind nur teilweise gesetzlich verpflichtet, betriebsgebietsbezogene Ziele und daraus abgeleitete Maßnahmen zu treffen. Selbstverständlich können die Gemeinden – je nach planungspolitischer Absicht – im örtlichen Entwicklungskonzept weiteichende Aussagen bezüglich Betriebsflächenentwicklung aufnehmen und damit den strategischen Rahmen für die Flächenwidmungs- und Bebauungsplanung vorgeben. Da künftige Betriebsansiedlungen das Zusammenwirken mehrere Maßnahmen unterschiedlicher Entscheidungsträger voraussetzt, kann eine entsprechende Maßnahmenabstimmung und -gewichtung der betriebsspezifischen Standortsicherung, Verfügbarkeit und Entwicklung im Rahmen des örtlichen Entwicklungskonzeptes erfolgen. Kombinationen von Strategien, hoheitlichen Festlegungen und Empfehlungen bieten sich vor allem bei der Entwicklung von Betriebsstandorten an, zumal nicht nur durch verbindliche Vorgaben Standorte planungsrechtlich zu sichern sind, sondern aufgrund erheblicher Unwägbarkeiten bei künftigen Projekten auch flexible Strategien mit Empfehlungscharakter zweckmäßig sind (z. B. bei der Ankaufspolitik, präferierten Betriebstypen oder Betriebsgrößen).

Die praktische Relevanz betriebsspezifischer Inhalte in örtlichen Entwicklungskonzepten hängt wesentlich vom Planungswillen der Entscheidungsträger und in der Folge von der Verbindlichkeit der festgelegten Maßnahmen ab. Werden lediglich allgemeine Zielvorgaben im örtlichen Entwicklungskonzept verankert, deren Abstraktionsniveau mit den Grundsätzen und Zielen der Raumordnungsgesetze vergleichbar ist, wird die planungspraktische Relevanz bescheiden bleiben.[29]

28 Vgl. *Leitl*, Überörtliche und örtliche Raumplanung, 2006, S. 112.

29 Gemeinden verwenden bislang nur teilweise das örtliche Entwicklungskonzept, um ihre Entwicklungsabsichten bei Betriebsgebiete tatsächlich abzustimmen, vor allem hinsichtlich einer betriebstypenspezifischen Schwerpunktsetzung oder Standortauswahl. *Kanonier*, Handlungsbereich Regionale Betriebsansiedlungen, 2009, S. 175.

## 5.2 Flächenwidmungsplan

Allgemein hat der Flächenwidmungsplan das Gemeindegebiet nach räumlich-funktionalen Erfordernissen zu gliedern und verbindliche Widmungs- bzw. Nutzungsarten festzulegen bzw. kenntlich zu machen. Alle Raumordnungsgesetze bestimmen Widmungskategorien, die ausgewählte betriebliche Nutzungen zulassen. So sind im Wohn-, Kern-, Misch-, Betriebs-, Gewerbe- oder Industriegebiet bzw. in Sonderwidmungen jeweils spezifische betriebliche Nutzungen zulässig. Die Nutzungsarten sind grundsätzlich so anzuordnen, dass gegenseitige Beeinträchtigungen oder Gefährdungen möglichst vermieden werden.[30] Dem Prinzip der Nutzungstrennung sowie umweltrelevanten Zielsetzungen folgend sind freilich auch Widmungsarten gesetzlich definiert, die betriebliche Nutzungen beschränken oder verhindern. So schließen etwa viele Bau- und Grünlandwidmungen (umweltbelastende) betriebliche Nutzungen aus.

Als Untergliederung des Baulandes sieht etwa § 16 Abs. 1 Z 3 NÖ ROG Betriebsgebiete vor, die für Bauwerke solcher Betriebe bestimmt sind, die keine übermäßige Lärm- oder Geruchsbelästigung und keine schädliche, störende oder gefährliche Einwirkung auf die Umgebung verursachen und sich in das Ortsbild und die bauliche Struktur des Ortsbereiches einfügen. Gemäß § 16 Abs. 1 Z 4 NÖ ROG sind Industriegebiete für betriebliche Bauwerke bestimmt, die wegen ihrer Auswirkungen, ihrer Erscheinungsform oder ihrer räumlichen Ausdehnung nicht in den anderen Baulandwidmungsarten zulässig sind. In Betriebs- und Industriegebieten sind nach § 16 Abs. 2 NÖ ROG Wohngebäude sowie eine sonstige Wohnnutzung nur insoweit zuzulassen, als diese mit Rücksicht auf die betrieblichen Erfordernisse vorhanden sein müssen.

Ein Vergleich der betrieblichen Nutzungsarten im Raumordnungsrecht macht deutlich, dass die Gesetzgeber eine Differenzierung nach dem höchstzulässigen Störungsgrad bestimmen – je nach Nutzungsart werden belastende Emissionen toleriert bzw. ausgeschlossen. Vielfach enthalten die Widmungen hinsichtlich Betriebsansiedlungen „vor allem eine differenzierte Abstufung bezüglich des zulässigen Ausmaßes der Beeinträchtigung der Umgebung („keine", „keine erhebliche", „keine übermäßige" Geruchs- oder Lärmbelästigung, sonstige Luftverunreinigung oder Erschütterung für die Nachbarschaft usw.)".[31] Für Betriebsansiedlungen mit erheblichen Umweltauswirkungen sind in den letzten Jahren die Verfahren und Standortanforderungen umfangreicher und insgesamt restriktiver geworden. Die rechtliche Umsetzung mehrerer EU-Richtlinien hat zur Folge, dass vielfach die Kriterien für die Ausweisung insbesondere für Industriegebiete erheblich an Komplexität zugenommen haben.

Auffällig bei den landespezifischen Regelungen sind die Unterschiede bei den zulässigen Bauten und Nutzungen innerhalb der Betriebsgebiete bzw. spezifischen Widmungskategorien. Die Abgrenzung der zulässigen Nutzungen in einzelnen Kategorien erweist sich in der Praxis teilweise als problematisch, zumal in den Gesetzen auch Ausnahmen und Sonderregelungen über spezifische Nutzungsformen in Betriebs-

30 *Giese*, Das Betriebsanlagenrecht und andere Bereiche des öffentlichen Rechts, 2008, S. 326.

31 *Giese*, Salzburger Baurecht, 2006, S. 318.

oder Gewerbegebieten geregelt sind. In den meisten Bundesländern dürfen in Betriebsgebieten in der Regel neben betrieblichen Anlagen, von denen beschränkte Emissionen ausgehen dürfen, notwendige Wohngebäude, Betriebswohnungen sowie Verwaltungs- und Versorgungsgebäude errichtet werden.

Die Widmung von Betriebsgebieten ist grundsätzlich Aufgabe der kommunalen Planungsträger, deren Ermessenspielraum unterschiedlich sein kann. Je nach örtlichen und räumlichen Gegebenheiten sowie rechtlichen Vorgaben, insbesondere raumrelevanten Verwaltungsmaterien, kann die kommunale Planungsbehörde ihre Entwicklungsziele durch Widmungsentscheidungen für betriebliche Vorhaben umsetzen. In Ländern mit einer hohen Regelungsdichte sind die planerischen Möglichkeiten der Gemeinden entsprechend reduziert, während in Ländern mit weniger eindeutigen Vorgaben ein beachtlicher Ermessensspielraum vorliegen kann.

Flächenwidmungspläne werden grundsätzlich als Verordnungen erlassen, bei deren Erstellung den Planungsbehörden im Vergleich zu den Planbetroffenen umfassende Rechte eingeräumt werden. So wird im Planungsverfahren für die Erlassung eines Flächenwidmungsplanes Grundeigentümern oder Investoren vom Gesetzgeber keine besondere (Rechts-)Stellung eingeräumt. Projektwerber haben im Flächenwidmungsverfahren die gleichen Möglichkeiten, auf die Inhalte der örtlichen Planung Einfluss zu nehmen wie alle Planbetroffenen. Die Raumordnungsgesetze sehen die Einbeziehung der Planbetroffenen im Planungsverfahren in der Form vor, dass innerhalb einer festgelegten Frist Gelegenheit zu Stellungnahme besteht, die allerdings keine Parteistellung begründet.

## 6. Resümee

Die planungsrechtliche Sicherung von Betriebsstandorten einerseits sowie die Trennung konkurrierender Nutzungen andererseits sind wesentliche Anliegen der Raumplanung. Bezüglich widmungsrechtlicher Sicherung von Betriebsstandorten sind Instrumente und Maßnahmen zu beachten, die einzelne Betriebstypen beschränken und auf bestimmten Standorten lenken. So gelten umfangreiche Standortkriterien für die Ansiedlung von Betrieben, die teilweise durch spezifische Zulassungsmechanismen in überörtlichen Raumplänen ergänzt werden. Insgesamt hat sich die überörtliche Raumplanung in den letzten Jahren verstärkt regionaler Betriebsgebiete angenommen und teilweise verbindliche Vorgaben für die örtliche Raumplanung festgelegt.

Erhebliche Herausforderungen bestehen – nach wie vor – bei der planungsrechtlichen Absicherung von industrie- und gewerberelevanten Infrastrukturtrassen, die freilich nur teilweise in die Raumplanungszuständigkeit fallen. Die unterschiedlichen Zuständigkeiten und Planungsmöglichkeiten erfordern jedenfalls eine verstärkte Kooperation und Koordination von Bund, Ländern und Gemeinden bei betrieblichen Planungsmaßnahmen.

In den letzten Jahren haben die planerischen Anforderungen im Umgang mit Betriebsgebieten zugenommen, die weit über die rechtliche Absicherung von Betriebsstandorten hinausreichen. Oftmals sind Maßnahmenbündel zur Entwicklung und Vermarktung potenzieller Standorte erforderlich, um tatsächlich Betriebsansiedlungen zu erwirken. Vor allem in Regionen mit reduzierter Nachfrage nach Betriebsstandorten sind umfangreiche und abgestimmte Aktivitäten erforderlich. Die Aufgabe der planungsrechtlichen Standortsicherung wird somit ergänzt um Aspekte der Sicherung von Verfügungsrechten, um Vermarktungs- und Standortentwicklungsmaßnahmen sowie um interkommunale Abstimmungen.

## Literatur

*Berger Astrid,* Netzwerk Raumplanung – im Spannungsfeld der Kompetenzverteilung, Institut für Föderalismus, Schriftenreihe 108, Verlag Braumüller, Wien 2008.

*Giese Karim*, Das Betriebsanlagenecht und andere Bereiche des öffentlichen Rechts, in: *Stolzlecher/Wendl/Bergthaler*, Die gewerbliche Betriebsanlage, 3. Auflage, Manz'sche Verlags- und Universitätsbuchhandlung, Wien 2008, S. 283 ff.

*Giese Karim*, Salzburger Baurecht, Verlag Österreich, Wien 2006.

*Hauer Andreas,* Eisenbahnwegeplanung, in: *Hauer, Nußbaumer* (Hrsg.): Österreichisches Raum- und Fachplanungsrecht, Pro-Libris-Verlag, Linz 2006, S. 1–30.

*Hauer Andreas,* Grundbegriffe und verfassungsrechtliche Vorgaben, in: *Hauer, Nußbaumer* (Hrsg.): Österreichisches Raum- und Fachplanungsrecht, Pro-Libris-Verlag, Linz 2006, S. 1–30.

*Kanonier Arthur*, Raumordnungsrechtlicher Umgang mit Betriebsansiedlungen, in. Aicher, Fina (Hrsg.). Festschrift Manfred Straube, Manz-Verlag, Wien 2009, S. 481 ff.

*Kanonier Arthur,* Handlungsbereich regionale Betriebsgebiete, in: ÖROK: Räumliche Entwicklungen in Österreichischen Stadtregionen, ÖROK-Schriftenreihe Nr. 179, Wien 2009, S. 165 ff.

*Leitl Barbara*, Überörtliche und örtliche Raumplanung. In: *Hauer, Nußbaumer* (Hrsg.), Österreichisches Raum- und Fachplanungsrecht, Pro-Libris-Verlag, S. 95–134, Linz 2006.

*Lienbacher* Georg, Raumordnungsrecht, in: *Bachmann S. et al.* (Hrsg.), Besonderes Verwaltungsrecht, Springer-Verlag, 7. Auflage, Wien 2008, S. 351 ff.

*Mayerhofer Michael*, Bundes- und Landesstraßenplanungsrecht, in: *Hauer, Nußbaumer* (Hrsg.), Österreichisches Raum- und Fachplanungsrecht, Pro-Libris-Verlag, Linz 2006, S. 311 ff.

*ÖROK*, Österreichisches Raumentwicklungskonzept 2001, Geschäftsstelle der Österreichischen Raumordnungskonferenz, Schriftenreihe Nr. 163, Wien 2002.

*Pernthaler Peter, Fend Raimund,* Kommunales Raumordnungsrecht in Österreich, Österreichischer Wirtschaftsverlag, Schriftenreihe für Kommunalpolitik und Kommunalwissenschaft, Heft 11, Wien 1989.

*Salzburger Institut für Raumordnung Wohnen (SIR*), Regionalprogramm Flachgau-Nord, Salzburg 2009, http://www.salzburg.gv.at/rep_teil_2_ziele_verord.2009-2.pdf, 17.11.2009.

# Auswirkungen von Betriebsansiedlungen auf den Gemeindehaushalt[1]

Johann Bröthaler und Gerlinde Gutheil-Knopp-Kirchwald

Betriebsansiedlungen[1] haben aufgrund ihrer ökonomischen und räumlichen Wirkungen einen bedeutenden Einfluss auf die Entwicklung von Gemeinden. Sowohl die Entwicklung neuer Betriebsgebiete als auch der Umgang mit bestehenden Betrieben, die durch spezifische Problemlagen gekennzeichnet sind (z. B. mangelnde Erweiterungsmöglichkeiten in verdichteten Lagen, Brachflächen und Leerstände, heranrückende Wohnbebauung, infrastrukturelle Engpässe), stellen wesentliche Planungsaufgaben dar. Das Spektrum von planerischen, rechtlichen und ökonomischen Instrumenten reicht dabei von Verfahren zur Abschätzung des Flächenbedarfs, Ermittlung der Standortpotenziale, Standortsicherung (Flächenwidmung), Herstellung der Verfügbarkeit (Flächenmanagement), Baulandmobilisierung bis hin zur Entwicklung und Vermarktung von Betriebsgebieten.

Eine bedeutende Rolle in kommunalen Planungs- und Entscheidungsprozessen spielt auch die Frage nach den Auswirkungen von Betriebsansiedlungen auf den Haushalt der Standortgemeinde. Häufig werden diese einseitig als „erhoffte Steuererträge" kommuniziert, während ausgabenseitige Effekte unterschätzt oder nicht direkt der Betriebsansiedlung zugerechnet werden. Tatsächlich ist es keine einfache, aber dennoch eine unerlässliche Aufgabe der Gemeinden, bereits in frühen Phasen der Planung und Widmung von Betriebsgebieten die finanzwirtschaftlichen Effekte möglichst umfassend abzuschätzen und qualitativ in die Beurteilung von Planungsalternativen einfließen zu lassen.

Im vorliegenden Beitrag werden hiezu folgende Punkte behandelt:

- *Wirkungszusammenhänge:* Welche kausalen Zusammenhänge spielen bei Betriebsansiedlungen im Hinblick auf den kommunalen Haushalt eine Rolle?
- *Fiskalische Effekte*: Welche Auswirkungen auf die Einnahmen und Ausgaben der Standortgemeinde resultieren aus diesen Zusammenhängen?
- *Einflussgrößen und empirische Evidenz*: Welche Einflussgrößen sind unmittelbar haushaltswirksam und daher bei der Planung und Beurteilung von Betriebsgebieten zu beachten? Von welchen Größenordnungen ist dabei auszugehen?

---

1 Der vorliegende Beitrag ist eine überarbeitete Fassung des Artikels Bröthaler, J., Gutheil-Knopp-Kirchwald, G. (2009), Fiskalische Effekte von Betriebsansiedlungen oder was bringt ein Gewerbegebiet der Standortgemeinde?, in: Der öffentliche Sektor, 34. Jg., Heft 4/2008, März 2009, Wien, S. 7–18.

## 1. Wirkungszusammenhänge zwischen einer Betriebsansiedlung und ihrer Standortgemeinde

Bei den Auswirkungen von Betriebsansiedlungsprojekten sind grundsätzlich Infrastruktureffekte als Vorleistung der Gemeinden sowie direkte und indirekte Wirkungen der Betriebsansiedlung selbst zu unterscheiden (Abbildung 1):

- Die Gemeinde hat infrastrukturelle Vorleistungen für die innere und äußere Erschließung von Betriebsgebieten zu erbringen, sofern dies nicht vertraglich anderen Akteuren (Betriebsansiedlungsgesellschaft, Investor) übertragen wurde. Dies umfasst primär die Errichtung der technischen Infrastruktur (Straßen/Wege, Anbindung an öffentlichen Verkehr, Wasserversorgung, Abwasserentsorgung, und teilweise die Energieversorgung), bei bestehenden Gebieten gegebenenfalls deren Neugestaltung oder Kapazitätsanpassung.
- Direkte Wirkungen der Betriebsansiedlungen sind in erster Linie die zusätzlichen, d.h. nicht innergemeindlich verlagerten Arbeitsplätze und deren Entlohnung.
- Indirekte Wirkungen können sich durch innergemeindliche oder regionale Verflechtungen aus Vorleistungen oder zusätzlichem Konsum der Beschäftigten ergeben. Das mögliche Ausmaß der Verflechtungen hängt davon ab, inwieweit räumliche Nähe bei den nachgefragten Vorleistungsgütern und Dienstleistungen von Bedeutung ist oder sich aus der bestehenden Wirtschaftsstruktur ergibt. Lokale oder regionale Vernetzung kann auch explizit Planungsziel sein (z. B. branchenübergreifende Wirtschaftscluster oder zielgerichtete räumliche Integration von Ausbildung, Forschung & Entwicklung und Produktion).
- Weitere relevante indirekte Effekte können durch arbeitsplatzbedingte Zuwanderung oder Vermeidung von Abwanderung und den dadurch geänderten Bedarf an sozialer Infrastruktur entstehen.

Abbildung 1: Überblick über die Wirkungszusammenhänge von Betriebsansiedlungen

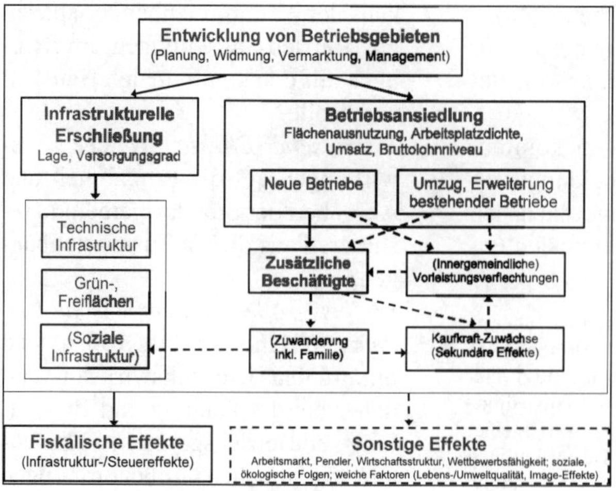


Quelle: eigene Darstellung, 2009

Darüber hinaus spielen bei Betriebsansiedlungen zahlreiche weitere Rahmenbedingungen und Qualitätskriterien eine bedeutende Rolle, die jedoch keine unmittelbaren projektspezifischen Effekte auf den Haushalt der Standortgemeinde haben und daher hier nicht näher behandelt werden: etwa Standortqualität durch räumliche Integration von Wohnen – Arbeit – Freizeit; wirtschaftliche Rahmenbedingungen und Entwicklungsperspektiven, Veränderung der Pendlerstrukturen u. v. m.

Da Grund und Boden unvermehrbare Güter sind, zieht die Entscheidung für eine bestimmte Nutzung (etwa als Betriebsgebiet) auch die Konsequenz nach sich, dass das betroffene Gebiet zumindest mittelfristig für keine andere Nutzung mehr verfügbar ist. Daraus können für den Grundeigentümer und die Gemeinde Opportunitätskosten erwachsen (Verzicht auf Erträge, die sich aus einer potenziell höherwertigen Nutzung ergeben würden). Dies ist bei der Beurteilung von Planungsalternativen unbedingt zu beachten. Im Folgenden wird jedoch auf einen Variantenvergleich verzichtet – der Planungsnullfall ist ein unbebautes Gebiet, das keine nennenswerten Steuererträge für die Standortgemeinde erwirkt (z. B. landwirtschaftlich genutzt).

Bezüglich der infrastrukturellen Erschließung ist davon auszugehen, dass Gemeinden die quantitativen Effekte je nach Planungs- oder Realisierungsfortschritt in ausreichender Genauigkeit ermitteln können. Bei den Beschäftigungseffekten wird im Regelfall von Betreiberangaben, ergänzt durch detaillierte Schätzungen (auf Basis durchschnittlicher Multiplikatoreffekte der Input-Output-Analyse) oder einer eigenen Erhebung der Bruttolöhne und der direkten (innergemeindlichen) Vorleistungen in ansässigen Betrieben auszugehen sein.

## 2. Gemeindefiskalische Effekte von Betriebsansiedlungsprojekten

Aus den oben dargestellten Wirkungszusammenhängen von Betriebsansiedlungen lassen sich zwei Kategorien von haushaltswirksamen fiskalischen Effekte ableiten: auf der einen Seite Infrastruktur-Effekte mit tendenziell negativem Saldo, auf der anderen Seite Steuereffekte mit tendenziell positivem Saldo. Abbildung 2 und Tabelle 1 geben einen Überblick über die gemeindefiskalischen Effekte von Betriebsansiedlungen für Errichtung und Betrieb.

Abbildung 2: Gemeindefiskalische Effekte von Betriebsansiedlungen

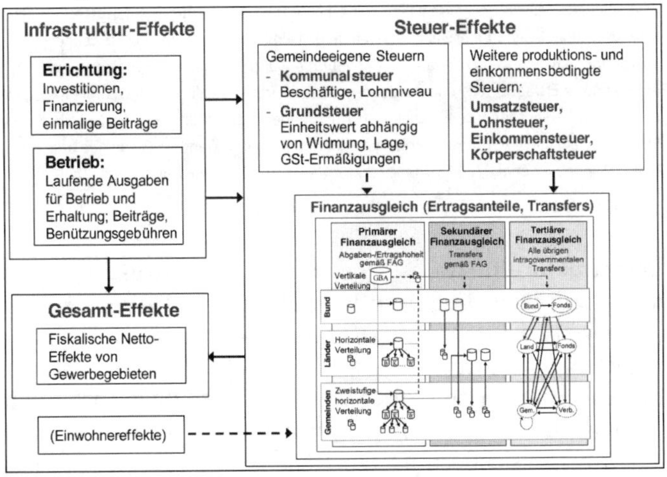


Quelle: eigene Darstellung, 2009

Tabelle 1: Übersicht über ausgaben- und einnahmenseitige Effekte einer Betriebsansiedlung im Haushalt der Standortgemeinde

| Errichtung | Ausgaben[1)] | Einnahmen[1)] |
|---|---|---|
| Steuer-Effekte | Kompensationseffekte durch den Finanzausgleich[2)] | Kommunalsteuer[3)] (aus Aktivitäten der Bauwirtschaft)<br>Sonstige Steuereinnahmen durch Umweg-/FAG-Effekte[4)] |
| Infrastruktur-Effekte | Investitionsausgaben für technische Infrastruktur (Straßen, ÖPNV, Wasser, Abwasser, Energie)<br>Grün- und Freiflächen (soziale Infrastruktur) | Einmalige Gebühren, Beiträge für Aufschließung und Anschluss<br>(ggf. Investitionszuschüsse Bund, Land, EU)<br>(ggf. Schuldaufnahme) |
| (Sonstige Transaktionen) | (Kauf von Immobilien, Zuschüsse, Darlehensgewährung) | (Verkauf gemeindeeigener Immobilien) |
| **Laufender Betrieb** | **Ausgaben** | **Einnahmen** |
| Steuer-Effekte | Kompensationseffekte durch den Finanzausgleich [2)] | Kommunalsteuer[3)]<br>Grundsteuer (Erhöhung bei Umwidmung land- und forstwirtschaftlicher Flächen)<br>Sonstige Steuereinnahmen durch Umweg-/FAG-Effekte[4)]<br>(Ertragsanteile durch zusätzliche Einwohner) |
| Infrastruktur-Effekte | Erhaltungs-/Betriebsausg. für<br>technische Infrastruktur (Straßen, ÖPNV, Wasser, Abwasser, Energie)<br>Grün- und Freiflächen<br>(soziale Infrastruktur) | Laufende Benützungsgebühren<br>(laufende Transferzahlungen)<br>(ggf. Schuldendienst bei Darlehensgewährung) |
| (Sonstige Transaktionen) | (ggf. Schuldendienst bei Darlehensaufnahme) | (Miet- und Pachteinnahmen) |

1) Effekte in Klammer bedeuten, dass sie von untergeordneter Bedeutung sind und/oder nur bei bestimmten Organisationsformen der Gewerbegebietsentwicklung zur Geltung kommen.
2) Verminderte Gemeindeertragsanteile sowie erhöhte Transferlasten der Standortgemeinde durch erhöhte Finanzkraft (Ertragsanteile, Kommunalsteuer, Grundsteuer, z. T. weitere Gemeindeabgaben) und/oder Einwohnerzahl.
3) Erhöhte Kommunalsteuereinnahmen durch primäre und sekundäre Beschäftigungseffekte in der Standort-Gemeinde.
4) Veränderte Ertragsanteile und intragovernmentale Transfers aller Gebietskörperschaftseinheiten durch produktions- und einkommensbedingt erhöhte gemeinschaftliche Bundesabgaben und/oder veränderte Zuteilungsschlüssel und ggf. erhöhte Einwohnerzahl durch betriebsansiedlungsbedingten Zuzug (in Standort-Gemeinde bzw. -Umgebungsgemeinden).
Quelle: Schönbäck et al., 2004, Schönbäck, Bröthaler, 2002; eigene Darstellung, 2009

**Infrastruktur-Effekte:**

- *Infrastruktur-Ausgaben:* Es sind die projektspezifischen Investitionsausgaben für die Errichtung und laufenden Ausgaben für Betrieb und Erhaltung der technischen Infrastruktur zu berücksichtigen. Deren Höhe ist stark abhängig von der Siedlungsstruktur (Bebauungsdichte, Parzellierung, Lage innerhalb des Siedlungskörpers), topographischen und geologischen Besonderheiten des Standorts sowie von den bestehenden infrastrukturellen Voraussetzungen (Kapazitätsreserven in den vorhandenen Erschließungsnetzen).

- *Infrastruktur-Einnahmen:* Diese umfassen grundsätzlich Einnahmen aus einmaligen Nutzerbeiträgen (Anschlussbeiträge und Bereitstellungsgebühren für Wasser/Kanal, Aufschließungsabgaben, Verkehrsflächenbeitrag, ggf. vertragliche Vereinbarungen für die teilweise Übernahme durch Projektentwickler) sowie laufende Nutzerbeiträge (Benützungsgebühren). Weitere Einnahmen hängen von Finanzierung (Ko-/Fremd-Finanzierung) oder Eigentumsverhältnissen (bei Verkauf gemeindeeigener Immobilien) ab.

**Steuereffekte:**

- *Kommunalsteuer:* Die Kommunalsteuer als wichtigste eigene Einnahme der Gemeinden hängt von der Bruttolohnsumme der Beschäftigten in ansässigen Betrieben ab. Der Steuersatz und Steuerbefreiungen (für öffentlich-rechtlichen Körperschaften bei nicht-gewerblichen Tätigkeiten sowie für Körperschaften, soweit sie mildtätigen Zwecken und/oder gemeinnützigen Zwecken dienen) sind bundeseinheitlich geregelt. Häufig wird als Instrument der kommunalen Wirtschaftsförderung einem ansiedlungswilligen Betrieb die Kommunalsteuer für einen bestimmten Zeitraum erlassen.
- *Grundsteuer:* Der Grundsteuer unterliegt der inländische Grundbesitz (land- und forstwirtschaftliche Vermögen, Grundvermögen, Betriebsgrundstücke). Grundsteuerbefreiungen sind landesgesetzlich geregelt. Auswirkungen ergeben sich bei Umwidmung land- und forstwirtschaftlicher Flächen durch die Differenz von Grundsteuer B zu Grundsteuer A sowie bei der Grundsteuer B von bebauten gegenüber jener von unbebauten Grundstücken.
- *Verbundsteuereffekte:* Die Erträge aus gemeinschaftlichen Abgaben (primär Umsatzsteuer, Lohnsteuer, veranlagte Einkommensteuer, Körperschaftsteuer) fließen nicht direkt an die Standortgemeinde, sondern werden über den Finanzausgleich auf alle Gebietskörperschaften verteilt und als Ertragsanteile an den gemeinschaftlichen Bundesabgaben vereinnahmt. Betriebsansiedlungsbedingte Änderungen bei der Mittelverteilung ergeben sich durch geänderte Finanzkraft (Kommunal-/Grundsteuer) und gegebenenfalls geänderte Einwohnerzahl.
- *Kompensationseffekte:* Eine Erhöhung der Finanzkraft (Kommunal-/Grundsteuer und Ertragsanteile) führt zu verminderten Einnahmen aus Ertragsanteilen sowie bundes- und landesgesetzlich geregelten Zuweisungen bzw. Erhöhung diverser Umlagen und Kostenbeiträge bei der Verteilung zwischen Gemeinden innerhalb des Bundeslandes, insbesondere in den Bereichen Sozialhilfe, Pflege, Krankenanstalten und Verkehr.

Je nach Planungsfortschritt und Projektgröße ist klarzulegen, welcher kalkulatorische Rahmen mit welcher Genauigkeit bei der Abschätzung der fiskalischen Folgewirkungen berücksichtigt wird:

- unmittelbare Einnahmen-/Ausgabeneffekte auf den Haushalt der Standortgemeinde,
- Berücksichtigung der ansiedlungsbedingten Verteilungswirkungen des Finanzausgleichs auf die Standort-

gemeinde und alle weiteren Gebietskörperschaften,

- Berücksichtigung von fiskalischen Umwegeffekten (haushaltswirksame Effekte durch lokale/regionale Vorleistungsverflechtungen der Betriebe, ansiedlungsbedingte Zuwanderung, Effekte auf Arbeitsmarkt, Einkommen und Kaufkraft),
- weitere Kosten-Nutzen-Effekte betroffener öffentlicher oder privater Akteure (im Sinne einer volkswirtschaftlichen Kosten-Nutzen-Analyse).

Während die unmittelbaren finanziellen Auswirkungen im Regelfall von den Gemeinden relativ genau abgeschätzt werden können, so sind die mittel- bis langfristigen indirekten Effekte (des Finanzausgleichs oder von Umwegeffekten) eher schwierig zu beurteilen, zumal diese auch von Entwicklungen in allen anderen Gemeinden abhängen. Problematisch ist auch die zeitliche Perspektive: Der Zeitrahmen der mittelfristigen Finanzplanung beschränkt sich in der Regel auf 3–5 Jahre, während bei Betriebsansiedlungen vielfach ein Planungshorizont von 10–30 Jahren zweckmäßig ist.

## 3. Besonderheiten interkommunaler Betriebsansiedlungen

Bis zu diesem Punkt wurden lediglich die Effekte von Betriebsansiedlungen auf eine einzige Gemeinde, nämlich die Standortgemeinde, thematisiert. Tatsächlich haben vor allem größere Betriebsgebiete oder besonders verkehrs- und emissionsinduzierende Einzelbetriebe erhebliche externe Effekte auf Nachbargemeinden und die Region und häufig stimmen dabei Nutznießer (über erhöhte Steuereinnahmen) und Lastenträger (z. B. über erhöhte Verkehrsbelastung) nicht zur Gänze überein. In der jüngeren Planungsdiskussion wird daher auf die hohe Bedeutung von regionalen Betriebsgebieten und die Notwendigkeit interkommunaler Kooperation bei Betriebsansiedlungen hingewiesen.

Als interkommunale Betriebsgebiete werden Flächen verstanden, die von zwei oder mehr Gemeinden gemeinsam geplant, gewidmet, entwickelt oder vermarktet werden, unabhängig davon, ob auch jede der Gemeinden einen Flächenanteil an dem Gewerbegebiet hat.[2]

Die fiskalischen Effekte von Betriebsansiedlungen allein enthalten keine unmittelbaren Anreize für interkommunale Kooperation. Mögliche Anlässe oder Vorteile (freiwilliger) Kooperationen von Gemeinden sind (Reihenfolge ansteigend mit Anspruch an die Kooperation):

- mittelfristige Kosteneinsparungen bei Errichtung und Betrieb durch Synergieeffekte bei gemeinsamer Planung, Realisierung, Vermarktung und Management von Betriebsgebieten (oder der gesamten Betriebsansiedlungsaktivitäten);
- Risikoteilung bei Investitionen (für die Erschließung) und stärkere Position bei Finanzierung (etwa bei Darlehensaufnahmen bzw. -genehmigungen);

2 Interkommunale Betriebsgebiete sind demnach zu unterscheiden von *regionalen* Betriebsgebieten, denen aufgrund einer (in den Raumordnungsgesetzen der Bundesländer unterschiedlich definierten) Mindestgröße, spezieller Nutzungsformen oder standörtlichen Kriterien eine überörtliche Bedeutung zukommt. In der Praxis haben nicht alle interkommunalen Betriebsgebiete auch regionale Bedeutung, umgekehrt wird es aber als Ziel angesehen, regionale Betriebsgebiete grundsätzlich interkommunal zu entwickeln (vgl. ÖROK, 2009, S. 219).

- Spezieller Problemdruck bei Flächenbedarf und -verfügbarkeit einzelner Gemeinden und erweiterte Möglichkeiten der Standort-Optimierung;
- Vorgaben durch Landesgesetz oder Landesplanung in überörtlichen oder überregionalen Entwicklungskonzepten oder erhöhte Wirtschaftsförderungen des Landes im Kooperationsfall;
- aktives Bemühen um verstärkte regionale Vorleistungsverflechtungen, regionale Bindung von Betrieben und überregionale Wettbewerbsfähigkeit;
- überörtliche oder überregionale Bedeutung und Wirkung von Betriebsgebieten (etwa abhängig von der Größe von Betriebsgebieten, positiven/negativen externen Effekten oder z. B. bei besonders hochwertigen Standorten), verbunden mit der Erkenntnis, dass ein hochwertiger konkurrenzfähiger Standort nur durch eine gemeinsam abgestimmte Vorgangsweise entwickelt werden kann.

In den letzten Jahren wurden durch Änderung der gesetzlichen Rahmenbedingungen interkommunale Kooperationen erleichtert und neue Kooperationsanreize durch erhöhte Landesförderungen an Gemeinden (z. B. durch Zuschläge bei Kooperation) geschaffen. Als Vereinfachung für Gemeindekooperationen kann (seit dem FAG 2005) die zur Erhebung der Kommunalsteuer berechtigte Gemeinde mit anderen Gemeinden im Zusammenhang mit gemeinsamen Investitionen in die Schaffung oder Erhaltung von Betriebsstätten (öffentlich-rechtliche) Vereinbarungen über eine Teilung der Erträge aus der Kommunalsteuer treffen. Die Vereinbarung kann sich auf das gesamte Aufkommen in der Gemeinde oder nur auf jenes bestimmter Betriebsstätten (in interkommunalen Betriebsgebieten) beziehen.[3] Alternativ sind (wie auch früher bereits) privat-rechtliche Vereinbarungen über interkommunale Transfers oder Leistungsentgelte als Ausgleich für finanzkraftabhängige Lasten oder zur Aufwands-/Ertragsteilung möglich (oder bei der öffentlich-rechtlichen Kommunalsteuerteilung zu berücksichtigen).

In Österreich sind in den letzten Jahren zahlreiche interkommunale Betriebsansiedlungsprojekte entstanden, bei denen eine freiwillige Teilung der Ausgaben und Einnahmen erfolgt.[4] Dabei wird nach unterschiedlichen Teilungsprinzipien vorgegangen:

- *Teilung der Ausgaben:* Es erfolgt zumeist eine Teilung der Ausgaben für die innere und äußere Erschlie-

3 Aus finanzverfassungsrechtlichen Gründen sind derartige Vereinbarungen nur hinsichtlich des Ertrages aus der Kommunalsteuer, nicht jedoch weiterer ausschließlicher Abgaben der Gemeinden (etwa Grundsteuer) möglich. Bei der Grundsteuer bestehen gemäß Grundsteuergesetz 1955 idgF §§ 13–17 und 24–26 Zerlegungsregeln nur bei „mehrgemeindlichen Betriebsstätten", bei denen sich eine Betriebsstätte bzw. der Steuergegenstand (land- und forstwirtschaftliches Vermögen, Grundvermögen, Betriebsgrundstükke) über mehrere Gemeinden erstreckt.

4 Siehe z. B. Ecoplus, 2008; INKOBA, 2008; Kampus, 2004; KDZ-Verwaltungskooperation, 2008; SISTEG, 2008. Ein erstes bundesländerübergreifendes Beispiel stellt das interkommunale Betriebsgebiet Lengau dar, bei dem sich jeweils zwei Gemeinden aus Oberösterreich (Lengau, Lochen) und Salzburg (Neumarkt am Wallersee, Straßwalchen) zur Entwicklung eines übergreifenden Betriebsbaugebiets zusammengeschlossen haben. Die Finanzierung der erforderlichen Aufwendungen für Aufschließung und Bewirtschaftung des Gewerbegebietes sowie die daraus resultierenden Einnahmen werden nach einem festen Schlüssel auf die vier Gemeinden des Wirtschaftsvereins aufgeteilt (Lengau 50%, Straßwalchen 20%, Neumarkt 15%, Lochen 15%).

ßung sowie der Ver-/Entsorgung. Zum Teil sind von der Standortgemeinde einzelne Infrastrukturleistungen oder verkaufsfertige Grundstücke bereitzustellen, zum Teil erfolgt eine Zweckwidmung von Einnahmen (z. B. Verkaufserlösen) oder Abstimmung der Ausgaben für Wirtschaftsförderung.

- *Teilung der Einnahmen:* In allen Fällen erfolgt eine Teilung der Kommunalsteuer, in einigen Fällen auch eine Teilung weiterer Steuererträge (Grundsteuer bei Umwidmung, Verkehrsflächenbeitrag, Anschluss-, Bereitstellungs-, Benützungsgebühren, zum Teil mit Bonus für die Standortgemeinde).
- *Aufteilungskriterien*: Die freiwillige Teilung der Ausgaben und Einnahmen erfolgt in der bisherigen Praxis nach unterschiedlichen Kriterien nach eigenem Ermessen der involvierten Gemeinden, primär nach fixierten (ausverhandelten) Anteilen, nach Einwohnerzahl, Finanzkraft, Flächenanteilen, Flächenpotenzial, Arbeitskräftepotenzial, Erwerbstätigen, Auspendler, nach Anteilen an Erschließungsbeiträgen, zum Teil mit speziellen Anteilen der jeweiligen Standortgemeinde.

Die Praxis zeigt, dass sich der interkommunale Ausgleich bisher auf unmittelbar haushaltswirksame Effekte beschränkt. Eine Berücksichtigung weitergehender Kosten-/Nutzeneffekte zur Abgeltung positiver/negativer externer Effekte findet noch nicht statt, was auch der ökonomischen Theorie von Marktversagen[5] bei Auftreten von externen Effekten und fehlender Regulierung entspricht. Es wird daher empfohlen, auf übergeordneter Stelle (z. B. Landesplanung) zumindest bei Großprojekten auch die Abschätzung externer Effekte (z. B. übermäßige Verkehrsbelastung durch Lkws) einzufordern und deren Ausgleich als Kriterien für die Förderung interkommunaler oder regionaler Betriebsgebiete heranzuziehen.

## 4. Einflussgrößen und empirische Evidenz

Wovon sind nun die einzelnen Einnahmen- und Ausgabenparameter abhängig bzw. an welchen Stellschrauben kann eine Gemeinde versuchen zu drehen, damit eine Betriebsansiedlung sich auch tatsächlich positiv auf den Gemeindehaushalt auswirkt? Dieser Frage wird im Folgenden auf Basis empirischer Untersuchungen nachgegangen.

Stark vereinfacht gesprochen sind die Infrastruktureffekte einer Betriebsansiedlung auf das Gemeindebudget im Regelfall negativ (Nettoausgaben) und die Steuereffekte im Regelfall positiv (Nettoeinnahmen). Ob und wie sehr der saldierte Gesamteffekt daher positiv ist, hängt vom Verhältnis der steuerlichen Nettoeinnahmen zu den Nettoausgaben für Infrastruktur ab.

Während die Höhe der Steuereinnahmen vorwiegend wirtschaftsstrukturelle und steuerrechtliche Einflussfaktoren hat, so ist die Höhe der Netto-Infrastrukturausgaben in hohem Maße von der Siedlungs- und Bebauungsstruktur und der vereinbarten Kostenträgerschaft abhängig.

Bei ansonsten gleichen Rahmenbedingungen korrelieren die Kosten für die Erschließung stark positiv mit der Flächeninanspruchnahme, d. h. sie stei-

5 Die einzelnen Gemeinden sind hier als Marktteilnehmer, die um Steuererträge konkurrieren, verstanden.

gen mit sinkender Bebauungsdichte. Als erstes grobes Beurteilungsmaß für die Wirtschaftlichkeit von Betriebsansiedlungen bietet sich daher das Verhältnis der zusätzlichen Arbeitsplätze zur Baulandinanspruchnahme an (Arbeitsplatzdichte: APL pro ha Nettobauland). Sind bereits die erwartete Branchenstruktur und das Lohnniveau der Beschäftigten bekannt, lässt sich die „Kommunalsteuerdichte" (KSt/$m^2$) als aussagekräftiges Maß für die Flächeneffizienz von Betriebsgebieten berechnen.

Für eine ausdifferenzierte Einzelfallanalyse sind jedoch alle Einflussgrößen, wie sie in Tabelle 2 und Tabelle 3 zusammengefasst sind, zu betrachten.

**Einflussgrößen der Steuereinnahmen**

Der projektinduzierte Zuwachs an *gemeindeeigenen Steuereinnahmen* (Kommunal- und Grundsteuer) ist um so höher, je höher

- der Anteil neu geschaffener (und nicht innergemeindlich verlagerter) Arbeitsplätze,
- die (branchenabhängige) Bruttolohnsumme der Beschäftigten,
- das Ausmaß der Flächenaufwertung (durch Umwidmung und Bebauung) ehemals unbebauter Grundstücke sowie
- der Anteil der innergemeindlich bezogenen Vorleistungen der Unternehmen ist.

Bei den *Verbundsteuereffekten* ist zwischen den projektinduzierten Änderungen beim Aufkommen einerseits und bei den Aufteilungskriterien andererseits zu unterscheiden. Das von Umsatz und Wertschöpfung der Betriebe abhängige Steueraufkommen an lokal generierten Verbundsteuern (Umsatz-, Lohn-, Einkommen-, Körperschaftsteuer) wird auf alle Gebietskörperschaften verteilt. Die an die Standortgemeinde zurückfließenden projektspezifischen Ertragsanteile an (diesen) gemeinschaftlichen Bundesabgaben sind demnach für eine Projektbeurteilung aus Gemeindesicht unbedeutend. Sehr wohl relevant sind hingegen die projektinduzierten Änderungen bei Aufteilungskriterien des Finanzausgleichs (Einwohnerzahl, Finanzkraft). Deren Ausmaß hängt ab von

- der Zahl der aufgrund der Betriebsansiedlung in die Gemeinde zugezogenen Einwohner,
- der bisherigen Finanzkraft der Gemeinde (Kommunal-/Grundsteuer, zum Teil Ertragsanteile und weitere eigene Steuern) und der projektinduzierten Finanzkraft-Erhöhung, die das Ausmaß der Kompensationseffekte des Finanzausgleichs beeinflusst. Ein Teil der hinzugewonnenen Finanzkraft geht also durch die Verteilungsmechanismen des Finanzausgleichs für die Standortgemeinde wieder verloren.

Die Verluste aus Kompensationseffekten, die im Median bei 48 % der Kommunalsteuererhöhung liegen, in Einzelfällen diese jedoch auch gänzlich zunichte machen können (vgl. Tabelle 2), sind bei der Beurteilung der Netto-Effekte von Betriebsansiedlungen jedenfalls zu berücksichtigen. Sie können jedoch nicht durch ansiedlungsspezifische Maßnahmen der Standortgemeinde beeinflusst werden. Die negativen Anreize, die durch den solidarischen Ausgleich nach dem Leistungsfähigkeitsprinzip bei der Verteilung von Einnahmen und Ausgabenlasten entstehen, und das Ausmaß der Kompensationseffekte sind ein Thema der Finanzausgleichspolitik.

Tabelle 2: Steuerliche Netto-Effekte von Betriebsansiedlungen auf den Haushalt der Standortgemeinde

| | Fiskalische Effekte (Steuereinnahmen) | Einflussgrößen | Empirische Evidenz zu lokalen Effekten |
|---|---|---|---|
| **Zusätzliche Beschäftigte** | Kommunalsteuer (KSt, gemeindeeigene Steuer) | Zusätzliche Beschäftigte, Bruttolohnsumme (bundeseinheitlicher Steuersatz 3 %) | Im Schnitt 650 € pro unselbständig Erwerbstätigen [1] |
| **Widmungs-und Nutzungsänderung von Flächen** | Grundsteuer (GSt, gemeindeeigene Steuer): Differenz GSt B zu GSt A bzw. Differenz der GSt B von bebauten gegenüber jener von unbebauten Grundstücken | Umwidmung land- und forstwirtschaftlicher Flächen, Einheitswert, gemeindespezifischer Hebesatz | Sehr stark projektabhängig, meist jedoch (nach Kommunalsteuer) zweitwichtigster Steuereffekt |
| **Umsatz,**<br>**Wertschöpfung zusätzlicher Betriebe** | Nur indirekt haushaltswirksam über Ertragsanteile an gemeinschaftlichen Bundesabgaben: Umsatzsteuer, Lohnsteuer, Einkommensteuer, Körperschaftsteuer | Umsätze, Bruttolöhne, Betriebsüberschüsse, bundeseinheitliche Steuertarife (Verteilung auf Bund, Länder und Gemeinden gemäß FAG) | Geringer Einfluss, da weniger als 1 % des lokal generierten Steueraufkommens als Ertragsanteile an die Gemeinde zurückfließen [3] |
| **Finanzkraftabhängige Kompensationseffekte** | Kompensationseffekte bei Ertragsanteilen sowie Transfereinnahmen und -ausgaben aufgrund der Erhöhung der Finanzkraft | Höhe der projektinduzierten zusätzlichen KSt-/GSt-Einnahmen, Finanzkraft aller Gemeinden des Bundeslandes | Gemeindeweise unterschiedliche Kompensationseffekte von 0–140 % der zusätzlichen KSt-/GSt-Einnahmen (Median 48 %) [4] |
| **Zuzug von Einwohnern (aufgrund der Betriebsansiedlung)** | Einnahmen aus Ertragsanteilen an gemeinschaftlichen Bundesabgaben | Zahl der zusätzlichen Einwohner (zugezogene Beschäftigte und deren Familien) | Im Schnitt 500–1.000 € pro neu zugezogenem Einwohner abhängig von Gemeindegröße |

1) Bezug nehmend auf Durchschnittswerte nach Branchen und Gemeinden gemäß Lohnsteuerstatistik 2007 ergibt sich eine Bandbreite der Kommunalsteuer von jährlich 300–1.500 € pro unselbständig Erwerbstätigen (beschränkt auf ganzjährig vollzeitbeschäftigte Arbeitnehmer/-innen 700–2.200 €).

2) Geänderte Einwohnerzahl bisher gemäß Volkszählung, ab 2009 gemäß ZMR (mit zwei Jahren Verzögerung) wirksam.

3) Das örtliche (länder- oder gemeindeweise) Steueraufkommen spielt bei der Verteilung keine Rolle. Vom projektspezifischen Aufkommen an gemeinschaftlichen Bundesabgaben fließen (gemäß FAG 2008) bei grober Betrachtung rund 11 % an die Gemeinden, mit der horizontalen Verteilung in die einzelnen Bundesländer rund 1–3 %, davon ein Teil in die Standortgemeinde zurück abhängig vom (Einwohner-)Anteil innerhalb des Bundeslandes (0,0001–0,3 %).

4) Die theoretische Bandbreite der finanzkraftabhängigen Kompensationseffekte liegt bei 0–140 % des zusätzlichen Kommunal-/Grundsteueraufkommens bei Annahme, dass sonst alles gleich bleibt. Die Bandbreite ist zusätzlich von der Höhe der Aufkommensänderung abhängig. Bei 100.000. € an zusätzlicher Kommunalsteuer ergeben sich für eine Gemeinde im Österreich-Schnitt Verluste bei Ertragsanteilen in Höhe von 8 % (0–12 %) der Kommunalsteuererhöhung und bei Finanzzuweisungen gemäß § 21 FAG 17 % (0–90 %) sowie erhöhte Ausgaben bei der Landesumlage 14 % (0–24 %) und sonstigen Umlagen rund 10 % (rund 1–20 %), insgesamt rund 15–115 % (Median 48 %) (SimFag, 2008; eigene Berechnungen, 2009).

Quelle: Lohnsteuerstatistik, 2007; SimFag, 2008; Bröthaler et al., 2006; eigene Zusammenstellung, 2009

Tabelle 3: Netto-Ausgaben der Standort-Gemeinden für technische Infrastruktur und Verwaltung bei Betriebsansiedlungen

| | Fiskalische Effekte | Einflussgrößen | Empirische Evidenz zu lokalen Effekten |
|---|---|---|---|
| **Straßen, Wege** | Investitionsausgaben; Folgeausgaben (Personal- und Sachausgaben) | Länge des Straßennetzes, Errichtungskosten pro lfm bzw. m², Grad der Einbindung des Gewerbegebiets in bestehende Straßennetze, Zurechenbarkeit zum Projekt, ggf. vertragliche Übertragung der Erschließungsinvestitionen an den Investor/Developer | Investitionsausgaben abhängig von Straßenprofil und Aufbau (Richtwert: 600–900 €/lfm); jährl. Betriebskosten ca. 1,4 % der Errichtungskosten |
| | Einnahmen: einmalige Kostenbeiträge/-ersätze, (z. B. Aufschließungsabgabe, Verkehrsflächenbeitrag) | länder-/gemeindespezifisch geregelt (meist abhängig von Straßenbreite, Grundstücksfläche, Bauklasse, Einheitssatz je Gemeinde) | Ausgabendeckung durch Aufschließungsgebühren meist unter 50 % der Investitionsausgaben, Saldo meist deutlich negativ, falls keine Investitionskostenübernahme durch Investor oder Developer vereinbart |
| **Wasser, Abwasser** | Investitionsausgaben; Folgeausgaben (Personal- und Sachausgaben) | Netzlänge, erforderliche Rohrdimensionierung, Bebauungsdichte, Entfernung zum bestehenden Siedlungskörper | Kosten abhängig von örtlichen Gegebenheiten und bestehender Versorgung.<br>Kostenrichtwerte: Wasserversorgung (Rohrnetz DN 100-DN 200): Investitionskosten: 90–130 €/lfm; Betriebskosten: 0,50 €/lfm/a; Kanalisation (DN 250–400), Investitionskosten: 200–250 €/lfm; Betriebskosten: 4,5 €/lfm/a |
| | Einnahmen: einmalige Anschlussbeiträge und Förderungen; laufende Bereitstellungs-, Benützungsgebühren | länder-/gemeindespezifisch geregelt (meist abhängig von bebauter Grund-/ Geschoßfläche, Belastungseinheits-/ Einwohnergleichwerten; Verbrauch; Gebührensätze je Gemeinde) | Auf Gesamtgemeinde bezogen hoher Kostendeckungsgrad durch Gebühren gegeben, allerdings häufig fehlende Kostenwahrheit zwischen Standorten (Nivellierung) |
| **ÖPNV** | Transferleistungen an Verkehrsunternehmen | Betreiber, bedienende Verkehrsmittel, Bedienungsfrequenz, Zahl der Fahrgäste, etwaige Mitfinanzierung durch (Groß-) betriebe | Meist negativer Saldo (Ko-Finanzierung durch Firmen selten, außer im Fall von hohem Kundenverkehr oder rein privat organisiertem Werksverkehr) |
| **Verwaltung** | Verwaltungsausgaben (z. B. Wirtschaftsförderung, Servicestellen etc.) | Branche, Beschäftigtenzahl, Informations- und Kontakthäufigkeit des Betriebs mit Gemeinde, spezielle (infrastrukturelle) Anforderungen,... | Keine generalisierten Aussagen möglich |

Quelle: Schönbäck et al., 2004; Fackler, 2007, Amt der NÖ Landesregierung, 2008, Horak, 2009. Eigene Zusammenstellung, 2009

**Einflussgrößen der Infrastrukturausgaben**

Die projektinduzierten *Infrastruktureffekte* (Straßen, öffentlicher Verkehr, Siedlungswasserwirtschaft) und die resultierenden Nettofinanzierungserfordernisse variieren erwartungsgemäß sehr stark von Projekt zu Projekt und sind, neben topographischen und geologischen Besonderheiten des Standorts, insbesondere davon abhängig,

- in welchem Ausmaß auf bereits bestehende (und mit ausreichend Kapazitätsreserven ausgestattete) Erschließungsnetze zurückgegriffen werden kann (abhängig von der Lage des Grundstücks);
- wie hoch der absolute Erschließungsaufwand je $m^2$ Nutzfläche (abhängig von Bebauungsdichte, Art des Erschließungsnetzes und Grundstückszuschnitt) ist;
- wie hoch die Refinanzierung der kommunalen Investitions- und Betriebsausgaben durch einmalige und laufende Gebühren ist (meist niedrig bei der Straßenerschließung, hoch bei der Abwasserentsorgung) sowie
- ob vertragliche Vereinbarungen getroffen wurden, dass Teile der Investitionen (z. B. die Straßenerschließung) vom Projektbetreiber selbst getätigt werden und dadurch nicht (oder nur in der Erhaltung) dem öffentlichen Haushalt zur Last fallen.

**Exemplarische Darstellung der Gesamteffekte von Betriebsansiedlungen**

Abschließend werden die fiskalischen Gesamteffekte am Beispiel von fünf Betriebsansiedlungsprojekten in einer österreichischen Landeshauptstadt dargestellt (Schönbäck et al., 2004). Die Projekte unterschieden sich hinsichtlich Branche, Lage in der Stadt, infrastrukturellem Erschließungsbedarf und Gebäudetyp deutlich voneinander. Die Bandbreite der jährlichen Effekte (ohne einmalige Effekte der Investitionen) zeigt Tabelle 4.

- *Steuerliche Effekte von Betriebsansiedlungen:* In der Betriebsphase konnten gesamte jährliche Steuermehreinnahmen für die Standortgemeinde zwischen 240 und 830 € pro Arbeitsplatz ermittelt werden.

Tabelle 4: Bandbreite der jährlichen Steuereffekte, Infrastruktureffekte und resultierenden gemeindefiskalischen Nettoeffekten von Betriebsansiedlungen (am Beispiel von fünf Fallbeispielen, in Euro pro Jahr)

| **Steuer-Effekte** | **Minimum** | **Maximum** | **Median** |
|---|---|---|---|
| je Beschäftigtem | 240 | 830 | 660 |
| je $m^2$ Grundstücksfläche | 0,2 | 24,5 | 11,6 |
| je $m^2$ Nutzfläche | 1,5 | 19,9 | 12,3 |
| **Infrastruktur-Effekte** | **Minimum** | **Maximum** | **Median** |
| je Beschäftigtem | −1950 | −90 | −250 |
| je $m^2$ Grundstücksfläche | −6,9 | −0,6 | −2,8 |
| je $m^2$ Nutzfläche | −11,7 | −2,0 | −3,9 |
| **Netto-Effekte** | **Minimum** | **Maximum** | **Median** |
| je Beschäftigtem | −1706 | 733 | 349 |
| je $m^2$ Grundstücksfläche | −1,2 | 21,7 | 7,9 |
| je $m^2$ Nutzfläche | −10,2 | 16,5 | 8,8 |

Quelle: Schönbäck et al., 2004

Der Gewinn an gemeindeeigenen Steuern (Kommunal- und Grundsteuer) ist durchwegs höher, wird jedoch im Saldo durch die Kompensationseffekte des Finanzausgleichs (geringere Einnahmen aufgrund höherer Finanzkraft) um ca. 15 bis 25 % verringert.

- *Infrastrukturausgaben der Standortgemeinde für Betriebsansiedlungen:* Die jährlichen projektinduzierten Ausgabenerfordernisse der Standortgemeinde für die Erhaltung der Infrastruktur variieren bei den fünf Fallbeispielen von 90 € bis 1950 € je Arbeitsplatz, wobei letzteres als Negativ-Ausreißer zu interpretieren ist.
- *Gemeindefiskalische Nettoeffekte von Betriebsansiedlungen:* Saldiert man schließlich die projektinduzierten Steuermehreinnahmen mit den projektinduzierten Infrastrukturausgaben der Standortgemeinde, erhält man den gemeindefiskalischen Nettoeffekt der Betriebsansiedlung. Er reicht bei den untersuchten Projekten von –1706 € bis +733 € pro Arbeitsplatz, bei einem deutlich positivem Median von +349€/Arbeitsplatz. Hier konnte die empirische Untersuchung eine Vermutung aus der Theorie bestätigen: Sehr häufig korrelieren hohe projektinduzierte Steuereinnahmen mit niedrigen Infrastrukturerfordernissen und umgekehrt; die Effekte verstärken einander also gegenseitig. Repräsentanten des Positivbeispiels mit hohen Steuereinnahmen und niedrigen Infrastrukturausgaben sind meist mehrgeschoßige Betriebsansiedlungen mit Büros und spezialisierter Produktion auf Baulücken im Stadtgebiet, in denen vorwiegend hochqualifiziertes Personal beschäftigt wird. Vertreter des Negativbeispiels mit geringen Steuereinnahmen und gleichzeitig hohen Infrastrukturausgaben sind flächen- und logistikintensive Produktions- und Handelsbetriebe mit niedrigem Lohnniveau in peripherer Lage.

## 5. Schlussfolgerungen

1. **Nicht jeder Arbeitsplatz ist ein Gewinn für das Gemeindebudget:** Die gemeindefiskalischen Effekte von Betriebsansiedlungen sind, stärker als bei Wohnsiedlungen, vom konkreten Projekt abhängig. Es gibt stark positiv und stark negativ wirkende Betriebsansiedlungen. Tendenziell bewirken Betriebe mit niedriger Arbeitsplatz- und Bebauungsdichte niedrige Steuereinnahmen bei gleichzeitig hohen Infrastrukturausgaben für die Standortgemeinde. Der Einfluss der Siedlungsstruktur auf die gemeindefiskalischen Effekte ist auf der Einnahmenseite (Steuern) kaum vorhanden, auf der Ausgabenseite (Infrastruktur) jedoch beträchtlich.

.

- *Handlungsfeld Raumplanung:* Sorgsamer Umgang mit städtischem Grund und Boden bedeutet, attraktive Flächenangebote für potenzielle hochwertige betriebliche Nutzung zu bewahren. Empfehlenswert ist eine Strategie der Funktionsteilung von Städten mit ihren näheren oder weiteren Umlandgemeinden in Bezug auf die angestrebte Betriebsstruktur, unter Berücksichtigung einer Kosten- und Nutzen-Teilung. Unvermeidbare „Budgetkiller" sind nur an für andere Nutzer weniger attraktiven Standorten zuzulassen. Mindestbebauungsdichten sind auch für betriebliche Nutzungen zu erwägen.

- *Handlungsfeld kommunale Finanzpolitik:* Insbesondere potenziell negativ auf das Gemeindebudget wirkende Betriebsansiedlungen (niedrige Arbeitsplatzdichte, hohe Infrastrukturerfordernisse) sind stärker an den Investitions- und Erhaltungskosten der Infrastruktur zu beteiligen.
- *Handlungsfeld kommunale Wirtschaftspolitik:* Konzentration der Ansiedlungsbemühungen auf Branchen *mit* hoher Arbeitsplatzdichte und -qualifikation, Förderung von Wirtschaftsclustern zur Verstärkung der innergemeindlichen und regionalen Vorleistungsverflechtungen.
- *Handlungsfeld Regionalpolitik/überörtliche Raumplanung:* Förderung regionaler Betriebsansiedlungen unter Berücksichtigung eines umfassenden Nutzen- und Lastenausgleichs zwischen Gemeinden.

2. **Es ist ein ausgewogenes Verhältnis von Arbeits- und Wohnbevölkerung anzustreben:** Reine Wohngebiets-Siedlungserweiterungen stellen tendenziell Belastungen für das Gemeindebudget dar, da die wohngebietsbezogene Infrastruktur zum Teil durch Einnahmenüberschüsse der arbeitsplatzbezogenen Steuern und Abgaben mitfinanziert wird. Die notwendige Komplementarität von Wohnen und Arbeiten wird dann zum Problem, wenn das Gleichgewicht gestört wird (z. B., wenn die Betriebsansiedlungen selbst negative gemeindefiskalische Effekte haben).

- *Handlungsfeld Raumplanung:* Neubauprojekte mit gemischter Nutzung bevorzugen; der inneren Verdichtung Vorrang vor der peripheren Siedlungserweiterung geben.
- *Handlungsfeld kommunale Wirtschaftspolitik*: Betriebsansiedlungsprojekte mit potenziell negativen Effekten auf den Gemeindehaushalt zurückstellen.

3. **Die fiskalischen Effekte von Ansiedlungsprojekten sind bereits in frühen Phasen zu überprüfen:** Für eine zuverlässige Abschätzung fehlen jedoch systematisch erhobene Richtwerte (insbesondere sachlich und regional differenzierte Investitions- und Folgelasten kommunaler Infrastruktureinrichtungen, z. B. in Form einer Infrastrukturkostendatenbank).

- *Handlungsfeld Raumplanung:* Aufbau entsprechender Instrumente und Informationssysteme zur Abschätzung der Folgewirkungen von Betriebsansiedlungen, insbesondere durch die Länder (für Wohngebiete sind solche Systeme bereits im Aufbau, siehe Amt der NÖ Landesregierung, 2009, für Deutschland siehe Refina, 2009),
- *Handlungsfeld öffentliche Verwaltung*: ggf. verpflichtende Ermittlung der fiskalischen Effekte von Betriebsansiedlungen (etwa bei Genehmigungen oder Förderanträgen).

Abschließend ist zu betonen, dass eine Beurteilung von Ansiedlungsprojekten allein aus Sicht des Gemeindebudgets einseitig ist. Selbst wenn man innerhalb der nach monetären Größen beurteilenden, ökonomischen Sichtweise bleibt, gibt es weitaus umfassendere Beurteilungskriterien:

- Wertschöpfungs- und Beschäftigungseffekte stehen bei der wirtschaftspolitischen Beurteilung von

Betriebsansiedlungen meist im Vordergrund vor den gemeindefiskalischen Effekten, allerdings korrelieren letztere mit ersteren in hohem Maße.

- Das Ziel einer ausgewogenen Wirtschaftsstruktur in der Stadt bzw. der Region mit möglichst vielfältigen, komplementären Wirtschaftsverflechtungen kann auch bedeuten, Branchen mit weniger positiven oder sogar negativen Effekten auf den Gemeindehaushalt behalten oder ansiedeln zu wollen, weil ihr positiver Beitrag (etwa als Zulieferer- oder Distributionsbetrieb) zum wirtschaftlichen Gefüge als wichtiger angesehen wird als der gemeindefiskalische Effekt und ein Verlust dieser Branchen möglicherweise auch die Absiedlung komplementärer Branchen zur Folge hätte.
- Nicht zuletzt soll auch betont werden, dass eine hohe Lebens- und Umweltqualität nicht nur an sich eine Stärke darstellt, sondern als „weiches Standortkriterium" auch ökonomisch zur Steigerung der Wettbewerbsfähigkeit eines Standorts instrumentalisiert werden kann. Fördert und bewirbt man bewusst die „weichen Standortkriterien", wird sich das mit hoher Wahrscheinlichkeit langfristig positiv auf die lokale Wirtschaft und das Gemeindebudget auswirken, da diese sowohl von potenziell zuziehenden Bürgerinnen und Bürgern als auch von Betrieben mit hohem Lohnniveau besonders hoch gewichtet werden.

## Quellenverzeichnis


Amt der NÖ Landesregierung (2008) Wasserleitungs-Laufmeterpreise in Niederösterreich, Kanal-Laufmeterpreise in Niederösterreich. Unveröffentlichte Mitteilung der Abteilung Siedlungswasserwirtschaft des Amtes der NÖ Landesregierung, St. Pölten.

Amt der NÖ Landesregierung (2009), Abteilung Raumordnung und Regionalpolitik, Infrastrukturkosten-Kalkulator für Siedlungserweiterungen, Projekt-Präsentation, 25. 9. 2009, St. Pölten.

Bröthaler, J., Bauer, H., Schönbäck, W. (2006), Österreichs Gemeinden im Netz der finanziellen Transfers – Steuerung, Förderung, Belastung, Springer, Wien – New York.

Ecoplus (2008), Wirtschaftsagentur des Landes Niederösterreich, www.ecoplus.at, St. Pölten.

Fackler, A. (2007), Infrastrukturkostenstudie Salzburg, Zusammenhänge von Bebauungsart und -dichte sowie Erschließungskosten, Salzburger Institut für Raumordnung & Wohnen, Salzburg.

FAG 2008, Finanzausgleichsgesetz 2008, Bundesgesetz, mit dem ein Finanzausgleichsgesetz 2008 erlassen wird sowie das Zweckzuschussgesetz 2001, das Katastrophenfondsgesetz 1996, das Finanzausgleichsgesetz 2005, das Finanz-Verfassungsgesetz 1948, das Bundesgesetz BGBl. Nr. 301/1989, das Familienlastenausgleichsgesetz 1967 und das Umweltförderungsgesetz geändert werden, BGBl. I Nr. 103/2007 idF BGBl. I 66/2008, BGBl. I 85/2008; Prozentsätze für die Verteilung der Ertragsanteile im Finanzausgleichsgesetz 2008 für die Jahre 2008 bis 2010, BGBl. II Nr. 349/2008..

GrStG 1955, Grundsteuergesetz 1955, BGBl. 149/1955 idF BGBl. I 122/2008.

Horak, C. (2009), Erschließungskosten von Wohngebieten. Untersuchung der Einflussfaktoren unter besonderer Berücksichtigung von Bebauungsform und Lage. Verlag Dr. Müller, Saarbrücken.

Inkoba (2008), Initiative „Interkommunale Betriebsansiedlung", OÖ. Technologie- und Marketinggesellschaft m.b.H. (TMG, Standort- und Innovationsagentur des Landes Oberösterreich), www.inkoba.at, Linz.

Kampus Consulting (2004), Gemeindekooperationen unter besonderer Berücksichtigung von peripheren Gemeinden im Ziel 2 Gebiet, Studie im Auftrag des Landes Steiermark, Abteilung Landes- und Gemeindeentwicklung. Graz.

KDZ (2008), Plattform Verwaltungskooperation, KDZ – Zentrum für Verwaltungsforschung, www.verwaltungskooperation.at.

KommStG 1993, Kommunalsteuergesetz 1993, Bundesgesetz, mit dem eine Kommunalsteuer erhoben wird, BGBl. Nr. 819/1993 idF BGBl. I Nr. 99/2007.

Lohnsteuerstatistik (2007), Statistik Austria, Wien.

ÖROK Österreichische Raumordnungskonferenz (Hg.), Hamedinger, A., Bröthaler, J., Dangschat, J., Gutheil-Knopp-Kirchwald, G., Giffinger, R., Kanonier, A., Kramar, H., Klamer, M., Hirschler, P. Svanda, N. (2009), Räumliche Entwicklung in österreichischen Stadtregionen: Handlungsbedarf und Steuerungsmöglichkeiten (RegioBeSt). ÖROK-Schriftenreihe Nr. 179, Wien.

REFINA (2009), Förderschwerpunkt „Forschung für die Reduzierung der Flächeninanspruchnahme und ein nachhaltiges Flächenmanagement (REFINA)" des Bundesministeriums für Bildung und Forschung (Deutschland) ist Teil der Nationalen Nachhaltigkeitsstrategie der Bundesregierung, www.refina-info.de.

SimFag (2008), Simulationsmodell des österreichischen Finanzausgleichs, Daten gemäß Zwischenabrechnungen des BMF über die Teilung der gemeinschaftlichen Bundesabgaben zwischen Bund, Länder und Gemeinden sowie gemäß Gebarungsstatistik der Statistik Austria, Software des Fachbereichs Finanzwissenschaft und Infrastrukturpolitik der Technischen Universität Wien, Version 3.3: J. Bröthaler, Wien.

Schönbäck, W., Schneider, M., Winkelbauer, S. (1998), Regionale Entwicklungsplanung und interkommunaler Finanzausgleich. Darstellung der empirischen Relevanz anhand der Effekte von Betriebs- und Wohnansiedlungen auf den Gemeindehaushalt; in: Raumplanung und Raumordnung, 56. Jg. Heft 2–3, S. 153–159.

Schönbäck, W., Bröthaler, J., Zur „Umwegrentabilität" öffentlicher Ausgaben – Konzepte und Methoden zur Messung der überbetrieblichen Wirkungen staatlicher Aktivitäten, in: Theurl, E., Winner, H., Sausgruber, R. (Hrsg.), Kompendium der österreichischen Finanzpolitik, Springer, Wien/New York, 2002, S. 597–648.

Schönbäck, W., Gutheil-Knopp-Kirchwald G. (ehem. Oppolzer), Bröthaler, J. (2004), Fiskalische Nettoeffekte der Ansiedlung von Betriebs- und Wohnobjekten in der Stadt Salzburg, Beitrag zum räumlichen Entwicklungskonzept (REK) Salzburg, Projekt des Instituts für Finanzwissenschaft und Infrastrukturpolitik der TU Wien Im Auftrag des Magistrates der Stadt Salzburg, Abteilung 9 (Raumordnung und Verkehr), Wien.

SISTEG (2008), Salzburger Infrastruktur Errichtungsgesellschaft (Land-Invest Salzburger Baulandsicherungsgesellschaft), www.sisteg.at, Salzburg.

# Governance in der Europa-Region CENTROPE: Schlussfolgerungen für integrative Standort- und Regionalentwicklung

Johannes Jäger und Bettina Köhler

## 1. Standortwettbewerb in der Krise

Im Kontext der aktuellen Krise[1] werden in der „Standortdebatte" und in den Diskursen über „Wettbewerbsfähigkeit" neue Akzente gesetzt. Allerorts wird deutlich, dass wirtschaftliche Entwicklungen auch auf der lokalen bzw. der regionalen Ebene wesentlich von makroökonomischen Entwicklungen geprägt werden. Die Krise führt an allen Standorten – auch an den scheinbar „wettbewerbsfähigsten" – zu einem Rückgang der wirtschaftlichen Dynamik, einer Abnahme der Beschäftigung und damit in der Folge zu höherer Arbeitslosigkeit. Gerade der Kampf gegen Arbeitslosigkeit ist häufig (implizit) der gesellschaftliche Grundkonsens bzw. Anspruch, der hinter Standort- und Regionalpolitik steckt. Mit der Krise wird also zum einen offensichtlich, dass nicht nur Arbeitsmarktpolitik, sondern auch lokale bzw. regionale Entwicklungen generell auf unterschiedlichen – das heißt insbesondere auch auf über-regionalen – Ebenen analysiert werden müssen. Zum anderen deutet sich an, dass im veränderten Kontext bisherige Strategien in der Standort- und Regionalentwicklung teilweise auch in Frage gestellt werden.

Als konkreter Bezugspunkt dient im Folgenden die Europa-Region CENTROPE. Bereits vor Ausbruch der Krise war die im europäischen Vergleich sehr wohlhabende (und durch vergleichsweise niedrige Arbeitslosenraten gekennzeichnete) Teilregion Wien bemüht, sich im internationalen Standortwettbewerb zu positionieren, um damit die Beschäftigung zu erhöhen und einen hohen Lebensstandard zu sichern bzw. auszubauen. Vor dem Hintergrund der Etablierung der Europa-Region CENTROPE, die neben Wien auch noch Niederösterreich, das Burgenland und angrenzende Regionen in der Tschechischen Republik, der Slowakei sowie Westungarn umfasst, wird die Analyse und Bewertung integrierter Standort- und Regionalpolitik noch deutlich komplexer. Diese Region überschreitet nicht nur die Grenzen zwischen vier Staaten, sondern ist überdies durch extreme Heterogenität bezogen auf die Wirtschaftsstruktur und den Lebensstandard zwischen einzelnen (nationalen) Teilregionen gekennzeichnet. Vor diesem Hintergrund wird in der Folge der Frage nachgegangen, wie integrierte Standort- und Regionalentwicklung im Kontext der Krisenerfahrungen und im Hinblick auf die für CENTROPE erforderliche erweiterte Perspektive aussehen kann bzw. soll.

---

1 Dieser Artikel basiert wesentlich auf Jäger/Köhler (2009): Governance in Centrope: Schlussfolgerungen für Stakeholder. Erschienen in Wirtschaft & Management.

## 2. Die Europa-Region CENTROPE

Während der Eiserne Vorhang bis 1991 auch die ökonomische Interaktion zwischen Österreich und den angrenzenden zentral- und osteuropäischen Ländern massiv beschränkt hat, haben mittlerweile grenzüberschreitende Aktivitäten deutlich zugenommen. Als eine Antwort auf diese Herausforderungen kann die 2003, unterstützt durch Mittel des europäischen Strukturfonds, auch formal etablierte grenzüberschreitende „Europaregion Mitte – CENTROPE" verstanden werden. Die Bedeutung der Region CENTROPE lässt sich vor diesem Hintergrund auf drei zentralen Ebenen interpretieren. Erstens ist sie im Kontext des europäischen Integrationsprozesses zu verstehen, in dem grenzüberschreitende regionale Austauschprozesse zwischen Nachbarländern erst etabliert werden mussten und im Rahmen dessen grenzüberschreitende Europa-Regionen als ein wesentliches Instrument der europäischen Integration und im Hinblick auf Kohäsionsziele verstanden werden können. Zweitens lässt sich die Etablierung und der Bedeutungsgewinn subnationaler regionaler Einheiten als Ausdruck umfassender Re-Skalierungsprozesse (insbesondere Globalisierungs- und Regionalisierungsprozesse) und einer damit einhergehenden Transformation von Staatlichkeit sowie der Herausbildung neuer Governance-Formen verstehen. Und drittens kann CENTROPE im Kontext von Diskussionen um Metropolregionen begriffen werden, die Städte vor allem in ihrem regionalen Verflechtungsraum betrachten und diese als Motoren für Entwicklung und überregionale Wettbewerbsfähigkeit interpretieren.

Wenngleich sich bis heute bereits zahlreiche grenzüberschreitende Aktivitäten etabliert haben, bleiben die funktionalen Bezüge innerhalb der nationalstaatlichen Teilregionen ungleich stärker, sodass aus regionalökonomischer Sicht zum heutigen Zeitpunkt nur die Umrisse einer eigenständigen neuen grenzüberschreitenden Region ausgemacht werden können. Dennoch kann das Potenzial dieser Region, die durch große ökonomische Unterschiede – und damit auch komplementäre Faktoren – gekennzeichnet ist, als hoch eingeschätzt werden und könnte eine wichtige Basis für zukünftige Entwicklungsmöglichkeiten darstellen (vgl. Palme/Feldkircher 2006). In dieser Perspektive kommt der Frage nach geeigneten Entwicklungsstrategien und Steuerungsprozessen eine besondere Bedeutung zu. Die aktuelle Wirtschaftskrise verdeutlicht hier zentrale Aspekte und Herausforderungen. Erstens wird die Fragmentierung innerhalb des CENTROPE-Raumes deutlich. Unterschiedliche Ausgangssituationen verschiedener Teilregionen und Akteursgruppen spielen hier ebenso eine Rolle wie die geographisch ungleiche Verteilung einzelner Wirtschaftssektoren, die von der Krise unterschiedlich betroffen sind, z. B. der stark um Bratislava konzentrierte Automobilsektor. Erfolgreiche künftige Entwicklungsstrategien erfordern insofern auch eine Auseinandersetzung mit dem Spannungsfeld sozialräumlicher Fragmentierung und Kohäsion.

Zweitens wird vor dem Hintergrund der aktuellen Krise besonders deutlich, dass die Leitstrategie der „regionalen Wettbewerbsfähigkeit" im Sinne einer Exportorientierung für Regionen allenfalls nur bedingt geeignet ist, wirtschaftliche Entwicklung und sozialräumliche Kohäsion voranzutreiben. Zum einen können durch starken Wettbewerb zwischen einzelnen Regionen Fragmentierungsprozesse verstärkt werden; zum anderen sind exportabhängige Regionen anfälliger für globale wirtschaftliche Abschwünge und werfen in Krisenzeiten die Frage auf, inwieweit durch stärkere Binnenorientierung in der Region Nachfrageausfälle wett gemacht werden können. In diesem Kontext spielen Governance-Strukturen, die nicht nur auf der regionalen, sondern auf unterschiedlichen räumlichen Ebenen angesiedelt sind und die sich diesen Herausforderungen stellen, eine zentrale Rolle. Diese sind jedoch bezogen auf den CENTROPE-Raum bislang erst in Ansätzen vorhanden (vgl. Jäger/Köhler 2007, Jäger 2009). Im Kontext der Krise zeigte sich, dass auch hier insbesondere auf der nationalen Ebenen bzw. auf der Ebene von Teilregionen (z. B. der Stadt Wien) versucht wurde, Gegenmaßnahmen zu ergreifen, wohingegen die CENTROPE-Ebene keinen nennenswerten Bezugspunkt darstellte. Somit wird die Frage nach der spezifischen Ausgestaltung von Standort- und Regionalpolitik derzeit nach wie vor überwiegend bezogen auf nationale (Teil-)Räume des CENTROPE-Raumes gestellt, eine Erweiterung der Perspektive auf den gesamten CENTROPE-Raum findet im Kontext der Krise bislang nur zu einem kleinen Teil statt und stellt eine weitere Herausforderung dar.

## 3. Unterschiedliche Perspektiven auf Regional- und Standortpolitik

Regionalpolitik, die auf eine geordnete wirtschaftliche Entwicklung von Regionen und zugleich auf sozialräumliche Kohäsionsprozesse sowie die Schaffung einheitlicher Lebensverhältnisse ausgerichtet ist kennzeichnet die europäische Regionalentwicklung seit der Nachkriegszeit und ist in Grundzügen auch heute noch auffindbar. Die Errichtung des europäischen Strukturfonds 1975 ist auf europäischer Ebene ein Ausdruck dessen, dass die Verknüpfung wirtschaftspolitischer Ziele mit einer gleichzeitigen Reduzierung sozialräumlicher Disparitäten als ein Erfordernis angesehen wurde. Seit den 1980er-Jahren vollzog sich hier ein Paradigmenwechsel, in dessen Rahmen zwar Ausgleichsziele nicht vollständig ausgeräumt werden konnten, prioritär jedoch der Wettbewerb zwischen Standorten als grundsätzlich produktives Element regionaler Entwicklung interpretiert wurde. Regionaler Governance kommt dabei die Aufgabe zu, endogene Potenziale zu fördern und die Rahmenbedingungen für den Wettbewerb zwischen Städten und zunehmend auch zwischen Regionen herzustellen (vgl. Brenner 2000, 2003).

Dieser prioritäre Fokus auf die Produktivität von Standortwettbewerb, der letztlich auf der neoklassischen Annahme basiert, dass Wettbewerb zwischen unterschiedlichen Räumen zu einem Ausgleich der Wohlstandsniveaus führt, wird jedoch zunehmend auch in Frage gestellt. Betont werden insbesondere die Pfadabhängigkeit sowie die Rolle von Institutionen und soziopolitischen Faktoren für regionale Entwicklungsprozesse (vgl. MacLeod 2001, Jäger/Köhler 2007).

Da Entwicklungsmodelle normativ regionale Wirtschaftspolitik und damit Governance-Prozesse anleiten, sind deren Grundannahmen von zentraler Bedeutung für die Entwicklungsperspektiven von Regionen. Derzeit lassen sich – idealtypisch – drei unterschiedliche Entwicklungsmodelle ausmachen.

(1) Die regionalpolitischen Prämissen der letzten Dekaden waren sehr stark geprägt von neoliberalen Ansätzen, die die Wettbewerbsfähigkeit in den Vordergrund stellen und primär an einer Reduktion von Kosten (Arbeitskosten, Steuern etc.) orientiert sind. Storper und Walker (1989) bezeichnen dies auch als schwache Wettbewerbsstrategien.

(2) Sozialliberale Ansätze zielen dagegen darauf ab, regionale ökonomische Entwicklungen dadurch zu verbessern, dass Unternehmen mit adäquaten Rahmenbedingungen unterstützt werden. Dabei handelt es sich typischerweise um die Bereitstellung von Infrastruktur, ausgebildeten und motivierten Arbeitskräften, die Unterstützung von Forschung und Entwicklung usw. Anstelle kurzfristig orientierter Kostensenkungsstrategien wie bei neoliberalen Ansätzen versuchen sozialliberale Strategien mittelfristige Produktivitätssteigerungen zu erreichen. Dabei werden primär jedoch solche Politikmaßnahmen umgesetzt, die die bestehenden sozioökonomischen Strukturen nicht in Frage stellen und z. B. nicht mit kurzfristigen Profitinteressen von Unternehmen in Widerspruch stehen (Novy 2002), sie gehen jedoch durchaus mit partiellen (regionalen) Wohlfahrtspolitiken einher. Letztere sollen unter anderem die Akzeptanz lokaler bzw. regionaler ökonomischer Strategien erhöhen und allfällige negative Effekte auf einzelne Gruppen abfedern helfen. Die Spielräume für eine solche begleitende Politik bleiben mit dem Hinweis auf (vermeintlich) leere Kassen jedoch häufig relativ eng (Jäger/Tomassovits 2004). Darüber hinaus wird in sozialliberaler Perspektive von divergierenden Interessen weitgehend abstrahiert und auf ein generelles gemeinsames Interesse bzw. das Allgemeinwohl verwiesen. Regionalpolitik wird damit nicht als eine Frage von unterschiedlichen Interessen und Projekten, sondern als eine soziale Technik verstanden, die nur richtig angewendet werden muss. Letztendlich bleibt, ähnlich wie bei neoliberalen Ansätzen, auch hier die Erlangung von „Wettbewerbsfähigkeit" der unhinterfragte zentrale Bezugspunkt regionalökonomischen Handelns.

(3) Eine alternative integrative Entwicklungsstrategie setzt an dieser Stelle an und lehnt Standortwettbewerb als fixen Referenzpunkt ab. Regionale Entwicklung wird vielmehr als ein Prozess gesehen, der potenziell für alle gesellschaftlichen Gruppen offen und damit durch widersprüchliche Interessen gekennzeichnet ist. Gendergerechtigkeit und Nicht-Diskriminierung am Arbeitsmarkt (etwa von Migranten) oder auch ökologischen Zielen wird in dieser Sichtweise hohe Bedeutung beigemessen (vgl. Aufhauser et al. 2003) und zwar unabhängig davon, ob diese Ziele mit der Maximierung ökonomischen Wachstums in Widerspruch stehen oder nicht. Damit wird eine Rationalität impliziert, die über eine enge ökonomischen Logik hinausgeht (vgl. Lemke 1997) und die politische Dimension von Entwicklungsprozessen betont. Es wird eine Demokratisierung von Entscheidungsprozessen und eine Rekonfiguration ökonomischer Strukturen gefordert, die zu niedriger Arbeits-

losigkeit und ausgeglichener Verteilung von Einkommen und Vermögen führt. Regionale Sozialpolitik wird in dieser alternativen Strategie als zentrale gesellschaftliche Infrastruktur verstanden und wird darüber hinaus als wichtig für ökonomische Entwicklung erachtet (Lipietz 1992). Weiters wird argumentiert, dass Gewinne aus Prozessen fiktiver Akkumulation, wie etwa aus der Immobilienspekulation, für produktive Zwecke genutzt werden sollten (vgl. Jäger 2003). Darüber hinaus wird Ökonomie weitergefasst und nicht ausschließlich auf den Bereich der formalen Marktökonomien fokussiert. Das heißt, dass die Reproduktionssphäre, der staatliche Sektor und der nicht gewinnorientierte private Sektor als solche sowie ihre Beziehungen untereinander und zum formellen Sektor als höchst relevant erachtet werden (vgl. Gubitzer 2006). Es ist evident, dass sich aus dieser alternativen Perspektive die Diskussion regionaler Entwicklungsstrategien nicht auf die regionale Ebene beschränken darf, sondern dass regionale Entwicklung als multi-skalares Phänomen begriffen werden muss (vgl. Brenner 2001).

## 4. Schlussfolgerungen für integrative Standort- und Regionalentwicklung

Governance-Prozesse und -Strukturen bezogen auf die Ebene der gesamten CENTROPE-Region sind bislang erst in Ansätzen vorhanden. Vor diesem Hintergrund stellt es sich auch als schwierig heraus, diese bezogen auf die oben dargestellten normativen Konzepte zu klassifizieren. Einiges deutet darauf hin, dass auf dieser Ebene weitgehend versucht wird, kooperative Lösungen umzusetzen; zugleich wird auf diskursiver Ebene häufig ein klarer Bezug zum überregionalen Standortwettbewerb hergestellt, dem man sich gemeinsam stellen will (Buchinger/Jäger/Köhler 2008). Derzeit regionalökonomisch bedeutsamer sind jedoch die Governance-Prozesse in den einzelnen Teilregionen sowie jeweils auf nationaler, aber auch europäischer Ebene. Auch in den meisten Teilregionen lassen sich empirisch Aspekte aller drei angeführten normativen Regionalentwicklungsformen ausmachen, wenn auch mit unterschiedlicher Verteilung bzw. Schwerpunktsetzung.

Regionale Entwicklungsprozesse werden nicht nur von ökonomischen Faktoren bestimmt oder ausschließlich von einzelnen Akteuren geprägt, sondern können als Integration sozialräumlicher Produktionsprozesse aller im Raum sich artikulierenden Akteure (sowie auf mit dieser Region verflochtenen räumlichen Ebenen angesiedelten Akteursgruppen) begriffen werden. Dennoch werden im Folgenden, aufbauend auf das – im Sinne einer kohäsiven Entwicklung als sehr vielversprechend erachtete – normative Konzept einer integrativen regionalen Entwicklungsstrategie, für unterschiedliche Bereiche exemplarisch einige konkrete Schlussfolgerungen zusammengefasst. Diese Empfehlungen sollen Governance-Prozesse für eine sozialräumlich kohäsive Standort- und Regionalentwicklung anleiten und können insbesondere vor dem Hintergrund der aktuellen Krise, die bestimmte Muster auch im Bereich der Standort- und Regionalpolitik zum Teil in Frage stellt, Ansatzpunkte für eine allfällige Re-Orientierungen bieten.

(1) Für Regionalpolitik stellt sich generell die Herausforderung der Entwicklung und Umsetzung integrativer Entwicklungsstrategien. Ausgangspunkt sollte dabei eine aufmerksame Analyse von asymmetrischen Governance-Strukturen sein – bezogen auf unterschiedlich repräsentierte Teilregionen sowie auf unterschiedlich positionierte Stakeholdergruppen. Zur besonderen Berücksichtigung von Stakeholdern mit schwächerer eigener Stimme ist ein gezielter Aufbau von Governance-Strukturen erforderlich, der den systematischen Zugang von unterprivilegierten Gruppen (Arbeitende/Arbeitslose, Migranten, Frauen etc.) fördert. Die Perspektive einer Demokratisierung regionaler Gestaltungsprozesse impliziert also zum einen die systematische Einbeziehung unterschiedlicher Stakeholder in Diskussions- und Entscheidungsprozesse auf unterschiedlichen räumlichen Ebenen und zum anderen auch die Schaffung von Rahmenbedingungen für deren aktives Teilhaben an regionalökonomischen Prozessen. Zugleich ist eine aufmerksame Analyse von – intendierten und nicht intendierten – asymmetrischen Implikationen von Entwicklungsstrategien erforderlich. So sollten Entwicklungsstrategien gerade auch in den ärmeren Teilregionen auf Produktivitätsfortschritte und nicht auf (bleibende) Lohnunterschiede setzen.

Eine nachhaltige und qualitativ hochwertige Infrastrukturentwicklung sollte nicht nur im Hinblick auf deren überregionale Bedeutung erfolgen, sondern auch aus der Binnenperspektive betrachtet werden – als Grundlage einer kohäsiven Regionalentwicklung nicht nur in den Wachstumspolen, sondern auch in unterschiedlichen Teilräumen. In diesem Zusammenhang sind auch öffentliche Daseinsvorsorge und Sozialpolitik weiter zu fassen und als gesellschaftliche Infrastruktur zu begreifen, die nachhaltige gesamtgesellschaftliche Entwicklungsperspektiven sichert und erschließt.

(2) Im Bereich der Unternehmens- und Wirtschaftspolitik gilt es, im Sinne einer integrativen Politik insbesondere folgende Punkte zu beachten: Erforderlich ist die Berücksichtigung der Besonderheiten von KMUs gegenüber großen Unternehmen – sowohl bezüglich Angebotsorientierung als auch hinsichtlich der Nachfrageförderung. Im Sinne einer regional ausgewogenen nachhaltigen Entwicklungsperspektive kommt der Förderung lokaler Ökonomien zentrale Bedeutung zu, auch im Hinblick auf unterschiedliche sozialökologische Implikationen. Darüber hinaus gewinnt, gerade im Hinblick auf die jüngste Finanzkrise, eine Gewichtsverlagerung von fiktiver in Richtung zu produktiver Akkumulation Bedeutung.

(3) Für eine Re-Orientierung der normativen Ausrichtung von Standort- und Regionalpolitik sind jedoch nicht nur deren „klassische“ Felder und Akteure im engeren Sinne wichtig. Vielmehr kommt auch Vertretern wichtiger Interessensgruppen, beispielsweise der Arbeitnehmer, eine zentrale Bedeutung zu. Als programmatisch bedeutsam im Sinne einer integrativen Entwick-

lungsstrategie wären hier insbesondere folgende Bereiche zu nennen: Eine integrative Entwicklungsstrategie sollte sich nicht vorwiegend vom Diskurs des Standortwettbewerbs anleiten lassen und damit allzu oft in einem „Race to the bottom" engagieren, sondern Interessen von Arbeitnehmern wahren – als zentrales Element für soziale Kohäsion und gesamtwirtschaftliche Entwicklung. Dies impliziert, dass nicht Arbeitnehmer an unterschiedlichen Standorten, Männer gegen Frauen, „Inländer" gegen Migranten ausgespielt werden, sondern gemeinsame Interessen artikuliert werden. Arbeit muss in diesem Sinne als Mehr-Ebenen-Phänomen begriffen werden, das sich zwar auf der regionalen Ebene am deutlichsten ausprägt, aber auch von Prozessen auf der nationalen und internationalen Eben gestaltet wird. Konkret heißt dies, dass vor dem Hintergrund der sehr beschränkt wirksamen lokalen bzw. regionalen Partizipationsprozesse die Zugangsmöglichkeiten auf nationaler und insbesondere europäischer Ebene gestärkt werden sollten. Damit könnten auf dieser Makroebene im Gegensatz zu den aktuellen Politikmustern effektiv Wachstum und somit Beschäftigung fördernde Politiken durchgesetzt werden (vgl. Cafruny/Rynner 2007). Darüber hinaus sind wirksame Ausgleichsmechanismen – wie eine koordinierte Einkommenspolitik – die deutliche über den Umfang und das Instrumentarium der bisherigen europäischen Regionalpolitik hinausgehen ebenso erforderlich.

(4) Bezogen auf Governance-Prozesse in der grenzüberschreitenden Region CENTROPE stellen sich insbesondere folgende Herausforderungen. Im Hinblick auf die vielfältigen Maßnahmen und Programme zum Aufbau des CENTROPE-Projektes sind die besonderen Potenziale der Gesamtregion, aber immer auch die Ungleichgewichte innerhalb der Region zu berücksichtigen. Der aktiven Förderung schwächerer Teilregionen und Partner kommt in diesem Zusammenhang zentrale Bedeutung zu. Wichtig ist dabei eine partnerschaftliche Herangehensweise sowie ein transparentes Vorgehen und eine Demokratisierung der Governance-Strukturen.

Integrative Regionalentwicklung in der zuvor geschilderten Perspektive begreift also Standortpolitik nicht als einseitigen wettbewerbsorientierten Re-Organisationsprozess, sondern entwirft eine Mehr-Ebenen-Entwicklungsperspektive, in der die zu schaffenden vielfältigen Rahmenbedingungen für sozialräumliche Kohäsion und nachhaltige Entwicklung selbst als gesellschaftliche Infrastruktur begriffen werden.

## Literatur

Aufhauser, Elisabeth et al. (2003): Grundlagen für eine „gleichstellungsorientierte Regionalentwicklung", Endbericht, Studie im Auftrag des Bundeskanzleramtes, Abteilung IV/4, Wien.

Buchinger, Birgit; Jäger, Johannes; Köhler, Bettina (2008): Regionale Governance in der Centrope-Region. Zwischen Wettbewerbsorientierung und Allgemeinwohl. In: Wirtschaft & Management (9), 9–28.

Brenner, Neil (2000): Building „Euro-Regions“. Locational Politics and the Political Geography of Neoliberalism in Post-Unification Germany. In: European Urban and Regional Studies 7 (4), 319–345.

Brenner, Neil (2001): The limits to scale? Methodological reflections on scalar structuration. In: Progress in Human Geography 25 (4), 591–614.

Brenner, Neil, (2003): Standortpolitik, State Rescaling and the New Metropolitan Governance in Western Europe. In: DISP 152, 15–25.

Cafruny, A., Ryner, M. (2007): Europe at Bay. In the Shadow of US Hegemony. Boulder: Lynne Ryner Publishers.

Gubitzer, Luise (2006) Wirtschaft ist mehr! Sektorenmodell der Gesamtwirtschaft als Grundlage für Gendergerechtigkeit. Widerspruch 50, 17–29.

Jäger, Johannes (2003): Urban Land Rent Theory. A Regulationist Perspective. In: International Journal of Urban and Regional Research 27 (2), 233–249.

Jäger, Johannes (2009): Regionale Governance-Prozesse in der Centrope-Region auf dem Prüfstand. In: Tagungsband zum Forschungsforum der österreichischen Fachhochschulen, 411–416.

Jäger, Johannes; Köhler, Bettina (2007): Regionale Governance und Wettbewerbsfähigkeit: Transdisziplinäre Perspektiven. In: Wirtschaft und Management 7, 7–23.

Jäger, Johannes; Tomassovits, Rainer (2004): Politik der leeren Kassen. Budget, politics of scale und kommunale öffentliche Dienstleistungen. In: Kurswechsel 3/2004, 41–53.

Lemke, Thomas (1997): Eine Kritik der politischen Vernunft. Foucaults Analyse der modernen Gouvernementabilität. Argument Sonderband 251.

Lipietz, Alain (1992): Towards a New Economic Order. Oxford: Polity Press.

MacLeod, Gordon (2001): New Regionalism Reconsidered: Globalization and the Remaking of Political Economic Space. In: International Journal of Urban and Regional Research 25 (4), 804–829.

Novy, Andreas (2002): Politökonomische Umbrüche in Wien aus der Sicht der Regulationstheorie. In: Schmee, J. et al. (eds.): Dienstleistungsmetropole Wien. Stadtpunkte. Wien: Arbeiterkammer Wien.

Palme, Gerhard; Feldkircher, Martin (2006): Economic Challenges in the CENTROPE Region. In: OeNB (ed.): New Regional Economics in Central European Economies: The Future of Centrope. Proceedings of OeNB Workshops No.9. Wien: OeNB, 88–100.

Storper, Michael; Walker, Richard (1989): The Capitalist Imperative: Territory Technology and Economic Growth. New York: Blackwell.

# Autorinnen und Autoren

**Alfried BRAUMANN**
Dipl.-Ing. Mag., Wiener Wirtschaftsförderungsfonds, Leiter Enterprise Europe Network

**Christroph BRAUMANN**
Dipl.-Ing. Dr., Hofrat, Referat Landesplanung und SAGIS, Amt der Landesregierung Salzburg; Mitglied des Vorstands der ÖGR

**Johann BRÖTHALER**
Dipl.-Ing. Dr., Ass. Prof. am Department für Raumentwicklung, Infrastruktur- und Umweltplanung, FB Finanzwissenschaft und Infrastrukturpolitik, TU Wien

**Rudolf GIFFINGER**
Univ.-Prof. Mag. Dr., Professor am Department für Raumentwicklung, Infrastruktur- und Umweltplanung, Leiter des Fachbereichs Stadt- und Regionalforschung, TU Wien; Vorsitzender des Vorstands der ÖGR

**Gerlinde GUTHEIL-KNOPP-KIRCHWALD**
Dipl.-Ing., Assistentin am Department für Raumentwicklung, Infrastruktur- und Umweltplanung, Fachbereich Finanzwissenschaft und Infrastrukturpolitik, TU Wien

**Andreas HACKER**
Dipl.-Ing., Landschaftsökologie und Landschaftsgestaltung, Stadt Umland Managment Wien/Niederösterreich

**Johannes JÄGER**
Prof. (FH) Mag. Dr., leitet den Fachbereich Volkswirtschaft an der Fachhochschule des bfi Wien

**Arthur KANONIER**
Dipl.-Ing. Dr., Ass. Prof. am Department für Raumentwicklung, Infrastruktur- und Umweltplanung, Fachbereich Rechtswissenschaften, TU Wien; Mitglied des Vorstands der ÖGR

**Bettina KÖHLER**
Dipl.-Ing., wissenschaftliche Projektmitarbeiterin an der Fachhochschule des bfi Wien

**Stefan KLINGLER**
Dipl.-Ing., Raumplanung, Projektleiter bei stadtland – Technische Büros für Raumplanung und Raumordnung, Landschaftsplanung und Landschaftspflege, Wien

**Gundula PROKOP**
Dipl.-Ing., MSc Expertin des Kompetenzzentrums für Boden und Flächenmanagement am Umweltbundesamt, Projektleitung „Flächenmanagement in Österreich – Fortschritte und Perspektiven" für das Lebensministerium und „Soil Sealing in EU 27" für die Europäische Kommission, DG Umwelt

**Martin SCHAMANN**
Dipl.-Ing., Programmleiter des Bereiches Lebensraum und Nutzung im Umweltbundesamt, Wien; Mitglied der EU-Arbeitsgruppe CABERNET (Concerted Action on Brownfield and Economic Regeneration Network)

**Gabriele TATZBERGER**
Dipl.-Ing. Dr., Wiener Wirtschaftsförderungsfonds, Projektleitung CENTROPE

**Werner THALHAMMER**
Dipl.-Ing., Landschaftsplaner, Koordinator des Arbeitsbereiches Siedlungswesen in der Abteilung Verkehr, Mobilität, Siedlungswesen und Lärm im BMLFUW; verantwortlich u. a. für die „klima:aktiv mobil"-Programme „Mobilitätsmanagement für Bauträger, Immobilienentwickler und Investoren", bzw. „Mobilitätsmanagement für Städte, Gemeinden und Regionen"; Vertretung des BMLFUW in Gremien der ÖROK

**Renate ZUCKERSTÄTTER-SEMELA**
Dipl.-Ing., Raumplanung, Stadtumlandmanagerin, SUM Stadt-Umland-Management Wien – Niederösterreich, www.stadt-umland.at